Jennifer Day

Visualisation créatrice pour les enfants

Traduction de Béatrice Petit

Editions Vivez Soleil

Titre original : CREATIVE VISUALIZATION WITH CHILDREN

Traduction : Béatrice Petit
Couverture : Les 4 Lunes

CH-1225 Chêne-Bourg / Genève
ISBN : 2-88058-154-0

Visualisation créatrice pour les enfants

Sommaire

Remerciements

Je citerai ici toutes les personnes sans lesquelles cet ouvrage n'aurait jamais vu le jour. Je remercie en premier les enfants que j'ai eus en cours, en particulier Adam, Jodie, Emma, Maria, Sophie, Kathy et Tammy, qui ont partagé avec moi tant de bons moments et m'ont donné le courage d'écrire ce livre. Je remercie Deborah Rozman, source illimitée de connaissances, dont le travail dévoué avec les enfants a éclairé le chemin de ceux qui l'ont suivie. Je remercie Stephanie Herzog, qui transmet avec tant de générosité ses connaissances et son expérience. Je remercie les membres du Institute of HeartMath (Californie), car ils donnent au cœur la place centrale et font des recherches qui sont de véritables sources d'inspiration. Je remercie le Holistic Education Network (Angleterre) de m'avoir apporté un soutien qui n'a pas de prix. Je remercie particulièrement mon éditeur, Michael Mann, pour sa confiance, ainsi que mon directeur de collection, John

Baldock, pour ses excellents conseils. Et surtout je remercie ma fille Tammy pour ses très belles illustrations ; elle est ma plus grande joie, ma plus grande source d'inspiration et mon plus grand maître.

Jennifer Day

Préface

Durant toutes les années où j'enseignais la visualisation créatrice, on me demandait souvent comment adapter aux enfants cette merveilleuse technique. C'est exactement ce que Jennifer Day a réussi avec son excellent manuel. Elle présente d'une façon claire et pratique les différentes parties d'une séance ; ses explications sont faciles à comprendre et à appliquer. Les enfants de tous les âges, de même que leurs parents et enseignants, trouveront ses exercices utiles, amusants et intéressants. Si vous avez envie de montrer à vos enfants ou élèves comment utiliser leur imagination pour apprendre, développer divers aspects d'eux-mêmes, résoudre des problèmes et atteindre leurs objectifs, je vous recommande ce livre.

Shakti Gawain auteur de « Techniques de visualisation créatrice » (Ed. Vivez Soleil)

Introduction

Un enfant de huit ans m'a récemment donné la définition suivante de la visualisation créatrice : "c'est la force". Quand je lui ai demandé de s'expliquer, il m'a dit : "c'est faire de l'imagination une force qui peut tout arranger dans la vie !"

Je crois que de nombreux adultes seraient d'accord avec lui. Ils sont de plus en plus nombreux à tirer des bénéfices de cette technique dans tous les domaines, tous les jours. Des artistes, des athlètes, des hommes d'affaires, des thérapeutes, des éducateurs et bien d'autres l'appliquent avec succès à leur profession, à leur santé ou à leur développement personnel. Que l'on utilise la visualisation créatrice ou d'autres méthodes de travail sur soi, les conseils et l'aide disponible ne manquent pas : les livres, articles, séminaires, retraites, enseignants et gourous, déjà nombreux, ne cessent de se multiplier.

Quand on évolue dans le domaine que l'on a choisi de travailler, quel qu'il soit, les enfants s'en rendent compte et sont souvent profondément affectés par les changements qu'ils perçoivent. Ce qu'ils vivent est très particulier – je ne parle pas seulement des conséquences évidentes au niveau de leur famille, mais aussi de la transformation continuelle de notre société et, en fait, du monde tout entier. Aucune génération n'a connu des changements aussi constants et aussi profonds. Pourtant, dans cette période où le rythme de l'évolution s'accélère, ils ont bien du mal à trouver l'aide et les conseils dont ils auraient besoin !

Il est nécessaire de proposer à ces jeunes des voies sur lesquelles ils trouveront soutien et assistance. Sinon ils risquent fort, une fois adultes, d'avoir besoin de faire, tout comme nous, un gros travail thérapeutique – émotionnel et psychologique.

Bien que la plupart des parents soient prêts à reconnaître la nécessité de tels conseils, ils posent presque toujours la question suivante : "Comment guider nos enfants alors que nous sommes nous-mêmes en perpétuel apprentissage ?"

L'ironie de la situation, c'est que le moment où l'on évolue et apprend le plus est justement celui où l'on est le plus capable de jouer le rôle d'enseignant et de guide vis-à-vis d'un enfant. On comprendra mieux cette vérité sans équivoque si l'on considère l'aspect préventif de l'éducation.

Prenons l'image de l'oignon : il commence sa vie sous la forme de graine puis, en grandissant, s'entoure peu à peu d'une pelure formée de plusieurs couches, dont chacune rend plus difficile l'accès au cœur. De même que l'oignon, l'être humain s'entoure progressivement de plusieurs couches, constituées de blocages, d'attitudes et de concepts accumulés au fur et à mesure de son cheminement dans la vie ; chaque fois qu'une couche s'ajoute à une autre, le cœur de son être devient de plus en plus inaccessible.

A l'heure actuelle, un nombre croissant de gens s'efforcent d'enlever toutes ces couches en cherchant à se reconnecter au centre de leur moi, à leur "enfant intérieur". Retrouver le centre de l'être fait parfois autant pleurer que de peler un oignon – bien que ce soit généralement un peu plus traumatisant ! Si les parents pouvaient choisir, ils préféreraient éviter à leurs enfants d'avoir à "peler l'oignon". Mais leur capacité à proposer des mesures préventives augmente parallèlement au développement de leur conscience. Un jeune adulte cherchant son indépendance n'échappe pas à la nécessité de "peler" ou de "défaire", mais le processus n'est pas obligatoirement traumatisant. Il peut être positif et bon à ses yeux – et pas seulement bon pour lui – si, enfant, il a été aimé et guidé correctement et si, en grandissant, il est bien centré, c'est-à-dire armé de la sécurité intérieure et de la connaissance de soi que cela implique.

Sachant cela, on se rend compte que les conseils donnés aux enfants ont un rôle tout autant préventif qu'évolutif. Si l'on songe à ce que l'on a vécu en "enlevant les couches" et en "pelant", on comprend la nécessité d'un travail préventif, et on évalue mieux la puissance des techniques nécessaires pour construire et développer la force intérieure et la connaissance de soi chez les enfants.

On est d'autant plus capable de les guider, de les pousser à explorer et élargir leur monde intérieur, que l'on se passionne pour la découverte de soi-même. En se reliant à son enfant intérieur, on parvient à se relier à eux sur de multiples plans et à découvrir leur immense et merveilleux potentiel évolutif.

Une fois que l'on a exploré ces zones de soi-même – et la visualisation créatrice est un instrument puissant pour cela – on s'aperçoit que l'on peut les guider sur le chemin de leur évolution intérieure et que cela donne une nouvelle dimension au rôle de parent.

Souvent, on se rend compte en même temps que la visualisation créatrice est un moyen naturel et idéal pour les guider, généralement parce qu'on l'a utilisée pour explorer son enfant intérieur !

Mais en quoi consiste exactement la visualisation créatrice ?

C'est l'utilisation consciente de l'imagination créatrice appliquée activement au quotidien dans le but d'atteindre certains objectifs, de franchir des obstacles, d'accroître la conscience de soi et d'améliorer la qualité générale de sa vie. Telle qu'elle est utilisée dans ce livre, son but est bien entendu d'augmenter la qualité de vie de vos enfants et de leur assurer un meilleur avenir – et il est fort probable que vous en tirerez aussi des bénéfices !

La pratique de la visualisation créatrice avec un enfant est particulièrement gratifiante, car cette méthode est quasiment une seconde nature pour lui. En effet, comme il a naturellement le besoin et la faculté d'inventer des jeux créatifs et imaginatifs, il n'a pas à faire de gros efforts pour employer consciemment l'imagerie mentale. Celle-ci lui parlera certainement davantage que de nombreuses autres choses qu'on lui enseigne !

Comme il s'en sert naturellement, elle l'aidera à grandir beaucoup plus conscient et centré qu'il ne le ferait autrement. Les diverses techniques lui permettront de garder son lien naturel, inné, avec son moi créateur et spirituel. Elles lui montreront également comment prendre soin de son enfant intérieur et le chérir. Les parents contribueront ainsi non seulement à la croissance mais aussi à l'épanouissement d'un individu sûr de lui-même, intuitif, créatif et aimant – le genre d'individu qu'ils cherchent à devenir eux-mêmes.

Un enfant ayant des besoins ou des problèmes particuliers – cauchemars, peurs irraisonnées, hypersensibilité, hyper-activité ou difficultés de concentration – trouvera dans la visualisation créatrice un outil inestimable et indispensable grâce auquel il pourra satisfaire ses besoins ou résoudre ses problèmes.

Plus important encore, cette méthode rend la croissance intérieure AMUSANTE ! Elle aide l'enfant à évoluer et à s'épanouir, agréablement et harmonieusement, et à aller vers la réalisation de son potentiel.

Vous trouverez dans ce livre une série de techniques de base très efficaces vous permettant d'utiliser la visualisation créatrice avec vos enfants, que ce soit individuellement, en famille, avec des camarades de jeu ou dans le cadre scolaire. D'après mon expérience, elles conviennent parfaitement à des groupes allant de deux à vingt participants.

J'ai mis au point ces techniques, basées sur des principes et des idées simples, à partir de mes vingt années de travail et d'enseignement avec des enfants et des adolescents dans le monde entier – et d'éducation de ma fille. Faciles à mettre en œuvre, elles aideront l'enfant à développer sa créativité, son estime de soi, sa concentration, augmenteront sa conscience et sa maîtrise de lui-même, et lui permettront de rester centré en permanence, stabilité particulièrement vitale quand on grandit dans ces tumultueuses années quatre-vingt-dix.

Ce livre peut être utilisé par tous les parents et enseignants, qu'ils soient nouveaux dans le domaine de la visualisation créatrice ou déjà familiarisés avec elle, qu'ils pratiquent ou non des techniques d'auto-développement ou de méditation.

Amusez-vous et faites-vous plaisir !

Première partie

STRUCTURER UNE SÉANCE

Structure de base d'une séance

Comme toute chose, une séance de visualisation créative a besoin d'une structure. Bien qu'il soit important de conserver une certaine marge de créativité individuelle, on ne peut se passer d'une structure de base, qui tient lieu de cadre à l'intérieur duquel il sera possible de se montrer créatif tout en restant centré. D'après mon expérience, l'ordre des exercices est l'aspect le plus important de cette structure, car il joue un rôle fondamental : il conditionne les niveaux énergétiques, la circulation de l'énergie, l'ouverture, la réceptivité et l'équilibre.

Ceci dit, l'ordre que je propose laisse la place à des ajustements et à des expérimentations permettant d'adapter le travail aux besoins particuliers de l'enfant –

et aux siens propres. En général, je conseille d'en faire le principe fondamental de la structuration, permettant de créer et d'entretenir un sentiment de continuité.

Les temps indiqués correspondent à une séance de quatre-vingt-dix minutes. Comme cette durée peut varier selon les cas, ils ne sont donnés qu'à titre indicatif et peuvent être adaptés aux cas particuliers.

1. Éliminer tout ce qui gêne. Il est nécessaire de consacrer à ces préliminaires environ cinq minutes en début de séance, car ils permettent de se débarrasser de toutes les tensions qui risqueraient de bloquer ou d'interrompre le reste de la séance ou bien l'un des exercices.

2. Mouvement créatif ou kino-visualisation. On peut consacrer dix ou quinze minutes à l'un de ces exercices. Quel que soit celui que l'on choisit, mieux vaut, avant de passer à un autre, faire le même pendant au moins trois ou quatre séances d'affilée ou bien jusqu'à ce que l'enfant l'ait bien assimilé. Mais s'il l'apprécie vraiment, vous pouvez très bien garder toujours le même !

3. Respiration. Je conseille de consacrer approximativement cinq minutes à la respiration abdominale profonde ou à d'autres exercices respiratoires, afin d'améliorer la circulation de l'énergie et de focaliser l'attention.

4. Méditation et centrage. On peut consacrer jusqu'à quinze minutes à une technique de centrage de la conscience et de concentration de l'énergie, en fonction des besoins et des capacités d'attention de l'enfant.

5. Visualisation créatrice. Il est recommandé d'ajouter au centrage ou à la méditation un exercice durant une dizaine de minutes, qui peut être prolongé en fonction de la capacité d'attention et des besoins de l'enfant. Cet exercice peut être tiré de l'un des chapitres suivants : Création d'un jardin, Maîtrise de soi, Résolution de problèmes, Fixation de buts, Amis et famille, Conscience globale ou Visualisations d'activités créatrices.

6. Activité créatrice. On y consacrera vingt à trente minutes, qui peuvent éventuellement comprendre un peu de ménage !

7. Partage. Pour cela, dix minutes suffisent généralement, mais la durée dépend du nombre de participants.

8. Expansion de conscience. Pour conclure la séance, on peut consacrer quatre ou cinq minutes à un exercice simple d'expansion de la conscience.

Il est important que le rythme de la séance soit équilibré. Soyez attentif aux capacités de concentration de l'enfant, à son niveau énergétique, et faites en sorte de vous y adapter. Un exercice de centrage est introspectif, tandis qu'un exercice actif dirige l'énergie vers l'extérieur. Même si l'enfant n'est pas conscient de ce schéma, celui-ci peut, dans sa vie présente et future, devenir la base de son équilibre. Il faut donc veiller à proposer des séances équilibrées.

Surveillez également l'énergie de l'enfant. Je n'insisterai jamais assez sur la flexibilité et l'adaptabilité. Chez un enfant, surtout un adolescent, l'énergie fluctue en permanence. Il faut s'efforcer de percevoir ces variations et ajuster ou modifier la séance en conséquence, sans perdre de vue ni la concentration ni le but du processus.

J'ai consacré un chapitre à chaque partie de la séance, en proposant plusieurs exercices parmi lesquels vous choisirez pour construire la vôtre. Je vous suggère de les lire tous – et même de les essayer vous-même – avant de choisir ceux que vous ferez faire à l'enfant.

Je commencerai par donner un exemple de séance que vous pourrez utiliser comme "modèle" si vous le souhaitez, jusqu'à ce que vous vous mettiez à créer vos propres séances à partir des chapitres suivants.

Ne considérez ni ce modèle, ni les principes et les techniques de ce livre comme un fait accompli, mais comme une base sur laquelle construire, créer et grandir, de concert avec l'enfant.

Modèle de séance

Avant de commencer, assurez-vous que vous avez suffisamment d'espace et que cet espace est bien aéré, bien éclairé et suffisamment chauffé. Assurez-vous également que vous portez tous les deux (ou tous) des vêtements amples et confortables, sans ceinture ou autre chose qui serre. Pour finir, faites en sorte de ne pas être dérangés pendant les quatre-vingt-dix minutes qui suivent.

Éliminer tout ce qui gêne

Mettez une cassette de percussions ou de tambours primitifs. Marquez le rythme en tapant le sol avec un pied à la fois, les genoux légèrement écartés et souples, en imaginant que toutes vos tensions sortent de vos pieds pour entrer dans le sol. Tout en secouant les mains et les bras, visualisez vos stress et vos tensions chassés hors de votre corps. Répétez plusieurs fois cette injonction à l'enfant – chaque fois que vous y pensez ! Continuez jusqu'à ce que les mouvements de votre corps, y compris votre tête, soient pesants et détendus. Sentez-vous libres de pousser quelques cris si vous en sentez le besoin.

Maintenant que vous avez évacué toutes vos tensions, faites quelques respirations profondes et restez tranquillement debout, les pieds écartés de la largeur des hanches, les bras pendant le long du corps. Remplacez le tambour par une mélodie douce. Demandez à l'enfant d'imaginer que ses plantes de pieds se prolongent par des racines qui s'enfoncent dans la terre, que son corps est un grand arbre souple. Il peut bouger ou se balancer à partir de l'articulation des chevilles (de temps à autre, dites-lui de fermer les yeux de façon à avoir vraiment l'impression d'être un arbre). Demandez-lui de se pencher en avant aussi loin que possible, comme s'il était poussé par une douce brise, en essayant de ne pas lever les talons et de garder les genoux souples. Ensuite, dites-lui de revenir à la position centrale et de se pencher d'un côté, puis de l'autre, aussi loin qu'il le peut sans lever les talons, ni arracher les racines de l'arbre ! Pour finir, demandez-lui de se pencher en arrière aussi loin que possible.

Maintenant, dites-lui de déterminer à quel niveau il perçoit des tensions lorsqu'il se penche, et quelles tensions lui sont nécessaires pour se tenir debout ou bouger. Demandez-lui de trouver dans quelle position l'arbre est le plus stable : quand est-il en équilibre parfait, sans tension dans les épaules, le cou, les jambes ou les pieds ? Faites-le se balancer un certain temps pour trouver cette position d'équilibre. Dès qu'il l'a trouvée, demandez-lui de garder les yeux fermés et de rester debout sans bouger pendant un moment, en appréciant sa position.

Faites quelques respirations profondes ensemble, puis préparez la musique pour le mouvement créatif ou la kino-visualisation.

Mouvement créatif

Stretching : Asseyez-vous par terre face à face. Croisez les jambes et prenez une inspiration profonde. Tout en expirant lentement, penchez-vous progressivement en avant, les bras tendus, jusqu'à ce que vos mains touchent le sol. Inspirez et expirez lentement plusieurs fois. Chaque fois que vous expirez, essayez d'aller un peu plus loin vers l'avant. Imaginez que vous cherchez à attraper un objet placé à quelques centimètres devant vous, puis que vous réussissez à le prendre. Inspirez lentement, puis redressez-vous en expirant.

Restez assis un moment le dos droit, les jambes croisées et les bras légèrement appuyés sur les genoux. Puis, les coudes tendus, décrivez lentement des cercles avec vos poignets, de façon à ce que vos mains fassent un cercle complet, trois fois vers l'extérieur et trois fois vers l'intérieur, en imaginant que vous étirez quelque chose de très visqueux, comme de la colle ou du sirop. Puis secouez-vous vigoureusement les mains (pour enlever la substance visqueuse) et détendez-vous.

Allongez les jambes devant vous et prenez une inspiration profonde. En expirant, penchez-vous lentement vers l'avant en laissant le poids de votre tête amener celle-ci vers vos genoux. Continuez à respirer tranquillement et régulièrement. Gardez les épaules et le cou détendus et n'oubliez pas de rappelez à l'enfant d'en faire autant ! Penchez-vous encore, en sentant l'effet de la pesanteur, jusqu'à ce que vous puissiez donner un gros baiser à vos genoux. Expirez lentement en vous redressant. Recommencez.

Puis détendez-vous.

Danse improvisée

Mettez une cassette de votre choix, en vous assurant que vous êtes d'accord avec l'enfant sur le style de musique. Commencez par vous asseoir sans bouger et écouter pendant quelques minutes, de préférence les yeux fermés. Dès que vous vous sentez familiarisés avec la musique, mettez-vous progressivement à bouger. Vous pouvez ouvrir les yeux ! Encouragez doucement l'enfant à danser librement sur la musique, en exprimant tout ce qu'il ressent, comme si les sons passaient à travers lui, et faites-en autant. Vous pouvez danser seuls ou ensemble, côte à côte ou dos à dos, de la manière que vous trouvez la plus agréable. Amusez-vous !

Respiration

Asseyez-vous dans une position confortable, par terre sur le bord d'un coussin ou bien sur une chaise. Assurez-vous que votre colonne vertébrale est droite et vos membres détendus.

Commencez par vous concentrer sur votre respiration. Demandez à l'enfant de poser doucement ses deux mains sur son estomac, puis d'inspirer en gonflant la poitrine et l'abdomen. Tout en respirant, détendez la bouche et les mâchoires, de façon à ce que l'air puisse descendre jusqu'à la base des poumons. Demandez à l'enfant de bien sentir son ventre qui se gonfle et se remplit d'air. Puis expirez progressivement, en commençant par l'abdomen, jusqu'à ce que tout l'air ait été expulsé. Recommencez (au début, il faut parfois un certain temps pour amener la respiration dans le bas de l'abdomen. Cela viendra avec un peu de patience !).

Après avoir répété cet exercice une dizaine de fois, demandez à l'enfant de respirer régulièrement et naturellement pendant quelques minutes, en focalisant son attention sur sa respiration spontanée.

Centrage/méditation

Demandez à l'enfant de se concentrer sur un point devant lui, légèrement plus haut, tout en continuant à respirer régulièrement et naturellement. Tandis qu'il se concentre sur ce point, suggérez-lui que ses paupières deviennent de plus en plus lourdes. Dites-lui de fermer les yeux dès que l'envie lui viendra (et elle viendra, s'il reste concentré sur le point). Puis lisez le "script" suivant d'une voix calme et douce, mais audible. Essayez de ne pas parler sur un ton monotone et faites des pauses régulièrement, de façon à ce que l'enfant puisse assimiler tout ce que vous dites.

Pose doucement ta main sur ton cœur et écoute ses battements. Sens son rythme : commence-t-il à ralentir ou bien reste-t-il régulier ?... Garde toute ton attention sur ton cœur. Si d'autres pensées te viennent à l'esprit, laisse-les simplement passer, comme des pétales sur un ruisseau, et ramène ton attention à ton cœur. Puis, tout en maintenant ton attention à ce niveau, pense à quelque chose ou à quelqu'un que tu aimes (vous pouvez mentionner un animal familier, un jouet favori, un animal ou un endroit que vous savez très apprécié de l'enfant), comme un câlin ou un jeune chiot. Ressens l'effet que cette idée produit sur ton cœur... Comment te sens-tu ? Cette zone te paraît-elle différente ?... Plus douce, peut-être ?... Garde ce sentiment d'amour dans ton cœur pendant un petit moment, garde-le précieusement. Apprécie combien il est agréable...

Restez silencieux pendant quelques minutes, ou tant que la capacité d'attention de l'enfant le permet. Vous aurez peut-être envie de mettre très doucement une cassette de musique de relaxation, dont vous pourrez augmenter progressivement le volume, mais jamais au point de couvrir votre voix. C'est le moment d'introduire la visualisation créatrice.

Visualisation créatrice

Faites en sorte que votre voix reste calme et audible durant tout l'exercice, sans oublier de marquer des pauses.

Imagine que tu vois devant toi un chemin en pleine nature… il est comme tu veux qu'il soit… large ou étroit, sinueux ou droit, près d'une rivière ou de la mer, dans une forêt ou en montagne… comme tu veux… Tu marches sur ce chemin jusqu'à ce que tu arrives près d'un arbre, un arbre avec de nombreuses branches. C'est ton Arbre aux Problèmes, l'arbre où tu accroches tous tes soucis. Arrête-toi un moment et décharge-toi de tes problèmes, même les plus petits. Accroche-les tous à l'arbre avant d'aller plus loin… Maintenant, continue ton chemin. S'il y a des pierres, des branches ou d'autres obstacles, arrête-toi pour les enlever doucement et les mettre de côté. Donne-leur un peu de l'amour que tu as dans ton cœur et continue. Tu arrives bientôt à un petit portail entouré de tes fleurs préférées. En poussant la porte, tu respires leur merveilleux parfum. Tu entres dans le jardin le plus beau que tu aies jamais vu. C'est exactement comme cela que tu le veux et il est bien à toi… Les couleurs sont magnifiques. Le soleil brille, les oiseaux chantent un chant de bienvenue ; tu te sens en paix et en sécurité… Promène-toi un moment dans ton jardin, explore-le… (faites une pause pendant quelques instants ou aussi longtemps que l'attention de l'enfant se maintient). Avant de partir, remercie ton jardin d'être là pour toi et d'être si parfait. Tu sais qu'il sera toujours là pour toi chaque fois que tu auras besoin de lui… (si vous avez mis de la musique en fond sonore, vous pouvez commencer à diminuer lentement le volume tout en parlant, jusqu'à ce qu'elle devienne quasiment inaudible. Vers la fin de l'exercice, accélérez légèrement votre débit et éteignez complètement la musique). Ramène maintenant progressivement ton attention sur ton cœur… Son rythme a-t-il changé ? Sens l'amour qu'il renferme et envoie-en tout autour de ton corps… Ramène ton attention sur ta respiration. S'est-elle ralentie ? Ramène progressivement ton attention sur cette pièce… Quand tu es prêt, tu peux ouvrir les yeux en sachant que tu auras beaucoup de plaisir à faire… (mentionnez l'activité que vous avez choisie), que tu vas réellement l'apprécier et en tirer quelque chose de positif !

Activité créatrice

Si vous n'avez pas encore choisi une activité, je vous propose de dessiner ou d'écrire – ce qui vous vient le plus naturellement. Dessinez ou écrivez tout ce qui vous passe par la tête, même si cela n'a pas de sens pour vous sur le moment. Insistez bien là-dessus auprès de l'enfant ; dites-lui qu'il peut dessiner ou écrire tout ce qu'il veut. Je me suis aperçue que la meilleure façon de procéder est de ne pas l'obliger à vous montrer ce qu'il a dessiné ou écrit s'il n'en a pas envie. Ne lui demandez pas, même très gentiment, de vous montrer ce qu'il a fait. C'est à lui, tout comme ce que vous avez fait est à vous !

Partage

Lorsque vous en avez terminé avec votre activité, le partage peut être très intéressant dans la mesure où tous les participants sont prêts à le faire et qu'il n'y a ni jugement ni commentaire sur ce qui est dit. Le partage de cœur à cœur est la formule idéale pour deux participants. Une seule personne parle ; elle décrit son expérience avec le maximum de détails (par exemple, son "jardin", son "chemin") tandis que l'autre l'écoute, en ressentant continuellement l'amour qu'elle a dans le cœur et en envoyant un peu de cet amour dans le cœur de celui qui parle. Quand le partage est terminé, la personne qui a écouté répète, dans ses propres termes, tout ce qui a été dit. Celle qui a parlé précise ou ajoute quelque chose si nécessaire. Lorsque c'est terminé, vous intervertissez les rôles et recommencez le processus. Il faut s'efforcer, tout au long de l'exercice, de ressentir de l'amour au niveau du cœur.

Expansion de conscience

Asseyez-vous confortablement et fermez les yeux. Guidez l'enfant, ou bien enregistrez l'exercice avant et faites-le ensemble !

Fais quelques respirations profondes jusqu'à ce que tu te sentes détendu et à l'aise… Maintenant, inspire profondément et sens l'énergie de l'univers (vous pouvez dire "de Dieu" ou "de l'amour universel", ce qui vous convient le mieux) au sommet de ta tête. Sens-la couler vers ton cœur et le remplir d'amour… Puis renvoie-la dans le monde, au travers de ton cœur. Inspire de nouveau, inspire l'amour et l'énergie de l'univers par le sommet de ta tête et expire-les par ton cœur. Encore… inspire l'amour, l'énergie et la sagesse universels… inspire par le sommet de ta tête et expire par ton cœur… Sens ton corps se remplir d'amour universel… sens l'espace autour de toi se remplir d'amour universel… Tout en inspirant et expirant, sens la pièce entière se remplir d'amour universel… Sens le bâtiment se remplir d'amour, d'énergie et de sagesse universels… Inspire et expire, et sens les alentours de ta maison se remplir d'amour universel… Sens la ville, la région, le pays tout entier, se remplir d'amour, d'énergie et de sagesse universels… Inspire par le sommet de ta tête et expire par ton cœur, et sens le monde entier se remplir d'amour universel… Sens cet amour se répandre tout autour du globe. Maintenant sens-le remplir l'univers tout entier… Sens l'amour, l'énergie et la sagesse partout… Maintenant ramène ton attention sur ta respiration… Sens le rythme lent et calme de ta respiration se fondre avec celui de toutes les autres personnes présentes dans cette pièce… Prends conscience de la pièce autour de toi… Quand tu es prêt, tu peux ouvrir les yeux.

C'est toujours très bien de terminer une séance par un énorme câlin !

Deuxième partie

PRÉPARATION

Un moment de calme Comment utiliser ce livre

C'est une bonne idée de s'accorder un "moment de calme" – un moment consacré à la visualisation créatrice et au centrage – sur un rythme régulier, de préférence à la même heure chaque semaine ou même chaque jour si possible. Quand un événement imprévu vous oblige à annuler ce moment, essayez de le reprogrammer immédiatement, comme vous le feriez pour toute autre habitude familiale importante.

Comme je l'ai déjà suggéré, pour vous servir de ce livre, commencez par vous donner le temps de le parcourir seul. Vous vous familiariserez ainsi avec les exercices décrits avant de les essayer avec votre – ou vos – enfant. Il est important que vous participiez pleinement à votre moment de calme avec lui, et que vous ne lui donniez pas l'impression de faire un cours ou de lire quelque chose. N'ayez pas peur de lui dire que vous êtes en train d'apprendre et d'évoluer, et que le but de ces moments partagés est que vous en tiriez tous les deux des bénéfices et du plaisir. Mettez ce temps à profit pour mieux vous comprendre mutuellement tout autant que pour mieux vous comprendre vous-même.

Les exercices décrits dans ce livre conviennent à des enfants de tous les âges, de trois à vingt ans. Vous aurez plaisir à l'utiliser en famille ou bien à faire une séance à part pour les plus jeunes, si cela vous paraît préférable. En progressant, vous vous apercevrez que vous pouvez également adapter les techniques décrites aux différents groupes d'âge. Plus vous vous familiariserez avec elles, plus vous vous sentirez libres de faire des expériences. Au bout d'un certain temps, vous aurez sans doute envie de mettre au point vos propres exercices, afin de mieux les adapter aux besoins de l'enfant et de vous-même.

Vous vous apercevrez peu à peu que vous utilisez la visualisation créatrice dans de nombreux domaines de votre vie et de celle de l'enfant, à de multiples occasions et pas seulement durant votre moment de calme. Elle finira par faire naturellement partie de votre quotidien.

Comme toute chose, elle nécessite une pratique et un entretien constants. Il est donc important que votre moment de calme devienne une habitude régulière et une priorité dans votre vie, même si vous êtes très occupé ou préoccupé. En général, c'est quand on est le plus occupé et préoccupé qu'on en a le plus besoin !

Eliminer tout ce qui gène

Au début de tout moment de calme ou de tout moment particulier avec un enfant, avant de faire quoi que ce soit d'autre, il est important d'éliminer ce qui est susceptible de bloquer ou d'interrompre le processus, ou bien de perturber le temps que vous passez ensemble.

Beaucoup de choses peuvent être gênantes :

1. *Espace :* Assurez-vous que la pièce où vous êtes est chaude et confortable, et qu'il y a suffisamment d'espace au sol pour que vous puissiez vous déplacer. Assurez-vous également que vous pouvez bouger les bras sans craindre de casser quelque chose.

2. *Vêtements* : Déchaussez-vous et assurez-vous d'avoir enlevé tout ce qui serre, ceinture, jeans serrés, etc.

3. *Bruit* : Vérifiez que vous avez mis le répondeur ou décroché le téléphone. Si vous craignez d'être interrompus par une visite imprévue, mettez sur la porte un mot demandant qu'on ne vous dérange pas.

4. *Mental* : Si l'un de vous est particulièrement fatigué, remettez à plus tard ou à un autre jour la séance de visualisation créatrice et le moment de calme. Si l'enfant n'est pas vraiment fatigué mais "ne se sent pas de le faire", dites-lui gentiment mais fermement que c'est un moment qui vous est réservé et rappelez-lui comment il se sent à la fin de la séance. En général, cela marche. S'il refuse encore, donnez-lui calmement la possibilité de passer ce moment dans sa chambre – sans vous déranger – tandis que vous fermez la porte et restez seul (ou avec d'autres enfants). Vous ne devez l'annuler sous aucun prétexte. Très vite, l'enfant vous le réclamera de nouveau.

5. *Corps* : Ce sont généralement des tensions au niveau des épaules, du cou, des bras et des fesses, dues au stress. Vous trouverez ci-dessous quelques exercices d'élimination des tensions que vous pouvez faire ensemble ; ils sont destinés à évacuer les réactions de stress et à améliorer la circulation de l'énergie. Jusqu'à ce que vous les ayez mémorisés, je vous conseille de les enregistrer sur une cassette que vous ferez passer au

moment de la séance. De cette manière, vous ne serez pas perturbés par la nécessité de vous reporter constamment à ces pages.

Contraction et relâchement

Mettez-vous debout l'un en face de l'autre, en cercle si vous êtes plus de deux. Levez légèrement la jambe droite au-dessus du sol et contractez tous les muscles jusqu'à ce qu'elle se mette à trembler. Comptez jusqu'à trois, puis détendez la jambe en la faisant toute molle. Recommencez avec la jambe gauche. Contractez l'estomac, les fesses et la région pelvienne, aussi fort que possible. L'exagération rend souvent l'exercice plus amusant pour un enfant ! A trois, détendez-vous en faisant "sortir" l'estomac. Recommencez avec le dos et la poitrine. Levez le bras droit devant vous et contractez tous les muscles jusqu'à ce qu'il se mette à trembler. Serrez le poing et pliez le coude, en faisant gonfler les muscles de l'avant-bras pour imiter les gens qui font du body-building (Popeye par exemple). A trois détendez-vous, en laissant le bras pendre mollement sur le côté. Recommencez avec le bras gauche. Levez les épaules et contractez le cou au maximum. Là encore, exagérez. Détendez-vous, en faisant remarquer à l'enfant que la sensation au niveau des épaules et du cou est certainement différente maintenant qu'il n'est plus tendu. Serrez les dents et contractez les mâchoires, puis les muscles faciaux. Fermez les paupières aussi fort que vous le pouvez, froncez les sourcils au maximum et tendez toute la peau du crâne. Riez en voyant la tête que vous faites ! A trois relâchez, en vous assurant que les mâchoires et les petits muscles entourant les yeux se détendent aussi. Penchez-vous en avant et laissez-vous "pendre" mollement, les bras vers le sol, pendant une minute environ, en chassant une éventuelle tension résiduelle dans vos bras et vos doigts pour la faire entrer dans le sol.

Bouger

Mettez une cassette de tambours primitifs ou de percussion (voir la liste des musiques recommandées à la fin de l'ouvrage). En suivant le rythme, frappez le sol ou le plancher avec un seul pied à la fois, en gardant les genoux fléchis et souples. Continuez à taper en imaginant que vous êtes pieds nus dans le sable ou sur la terre et que chaque coup de pied laisse une profonde empreinte. Puis secouez en même temps les bras et les mains, comme pour faire tomber des gouttes d'eau. Sentez votre cou complètement relâché et secouez doucement la tête. En faisant cela, vous laisserez bientôt tomber toutes vos inhibitions et sauterez dans tous les sens comme des sauvages ! Sentez-vous libres également de pousser quelques cris primitifs.

Être un arbre

Debout, les pieds écartés de la largeur des hanches, les

bras le long du corps, imaginez que vos plantes de pieds ont des racines qui traversent la surface du sol et s'enfoncent dans la terre, et que votre corps est un long arbre souple. C'est au niveau de l'articulation des chevilles que vous pouvez bouger ou vous balancer. Penchez-vous en avant aussi loin que vous le pouvez, comme si vous étiez poussés par une douce brise. Essayez de ne pas lever les talons. Vous aurez peut-être envie de plier légèrement les genoux. Revenez à la position centrale, puis penchez-vous d'un côté et de l'autre, aussi loin que vous le pouvez sans lever les pieds (ou arracher vos racines !). Pour finir, penchez-vous en arrière aussi loin que possible. En vous penchant, remarquez à quel niveau vous vous sentez tendus – avez-vous besoin de toutes ces tensions pour tenir debout ou pour bouger ? Essayez de déterminer dans quelle position l'arbre est le plus stable, dans quelle position vous êtes en équilibre parfait sans garder des tensions inutiles dans les épaules, le cou, les mollets ou les pieds. Dès que vous avez trouvé cette position, fermez les yeux et restez debout en silence pendant un moment, en appréciant votre "position de stress minimal".

Avec les enfants, vous pouvez vous rappeler mutuellement cette position chaque fois que vous observez des tensions physiques chez les uns ou les autres. "Être un arbre" est un truc rapide et efficace pour surveiller l'apparition de tensions tout au long de la journée et vous serez sans doute surpris par la finesse avec laquelle les enfants détectent les moindres contractions !

Re-énergétisation

Frottez vigoureusement vos mains l'une contre l'autre. Secouez-les fort, puis serrez chaque doigt l'un après l'autre et étirez-le. Secouez de nouveau vos mains jusqu'à ce qu'elles soient chaudes et que vos doigts vous picotent. Fermez le poing tout en gardant le poignet souple, comme si vous vous apprêtiez à frapper à une porte. Tapotez doucement le sommet de votre tête et de votre front avec les articulations. Les enfants petits trouveront amusant de dire en même temps aux cellules de leur cerveau "réveillez-vous !".

Mettez le coude gauche dans la main droite et martelez le sommet de l'épaule droite avec le poing de la main gauche, depuis le cou jusqu'à l'épaule et au dos. Changez de main et faites la même chose sur l'autre épaule. Puis tendez les deux bras vers le soleil en prenant une inspiration profonde. Avec les poings légers et souples, martelez votre poitrine en chassant tout l'air de vos poumons grâce à un long et puissant "cri de Tarzan" !

Demandez à l'enfant de se pencher en avant – si vous êtes plus de deux, mettez-vous par couples et demandez à l'un des deux de se pencher en avant – puis de mettre les mains sur ses genoux de manière à former une table avec son dos. Placez-vous derrière lui et, de vos poings souples, tapotez doucement de chaque côté de la colonne vertébrale, en descendant depuis le cou jusqu'en bas, puis en remontant. Veillez à ne pas toucher la colonne elle-même. Intervertissez les rôles et recommencez (si vous êtes trop grand pour l'enfant, pliez les genoux ou mettez-vous à quatre pattes !).

Pour finir, un exercice d'élimination des tensions non physiques pour les jours où un "nettoyage mental" est nécessaire.

Effacer, effacer

Placez une grande corbeille à papiers au milieu de la pièce. Donnez à chacun une feuille et un crayon. Faites cinq minutes de silence pour noter tous les mots de colère, les pensées négatives et autres expressions de frustration qui vous passent par la tête. Gardez-les tout à fait confidentiels ! Quand tout le monde a fini, déchirez vos feuilles en un maximum de petits morceaux ; gardez-les dans la main et tendez les bras au-dessus de la corbeille. Puis dites à l'unisson : "Efface ! efface ! efface ! efface ! des pensées d'amour vont prendre leur place !" En prononçant le mot "place", jetez vos petits morceaux de papier dans la corbeille. Puis enlevez celle-ci et concentrez-vous un moment sur des pensées d'amour.

Mouvement créateur

Après avoir éliminé les gênes et le stress, il est important, surtout pour un enfant, de canaliser l'énergie et de focaliser l'attention. Certaines techniques d'exercice physique et de mouvement créateur sont idéales à ce niveau, car elles mettent le corps dans les meilleures conditions possibles en vue de la méditation et de la visualisation créatrice.

Parmi les techniques particulièrement utiles pour préparer à cette dernière, on trouve le mouvement corps-image ou kino-visualisation créatrice. Il s'agit, en résumé, de mouvements exécutés par le corps physique et le corps-image (le corps non physique) séparément et simultanément. J'expliquerai et développerai en détail cette méthode dans le chapitre suivant.

Le yoga, le stretching, l'exercice isométrique et différents types de danse constituent également de bonnes techniques de mouvement créateur et d'exercice.

Yoga

Voici quelques exercices simples, de base, très bien adaptés aux enfants et aux familles.

Le cobra

Allongez-vous sur le ventre, les paumes des mains sur le sol au niveau des épaules, les coudes posés. En prenant une inspiration profonde, soulevez la poitrine jusqu'à avoir les coudes tendus. Avec les enfants petits, il peut être amusant de tirer la langue comme un serpent à ce moment-là ! Essayez de garder les épaules basses et la région pelvienne fermement plaquée au sol. Puis pliez les coudes et ramenez la poitrine sur le sol, tout en laissant sortir un long sifflement de serpent. Détendez-vous un moment pour laisser le serpent se reposer. Recommencez.

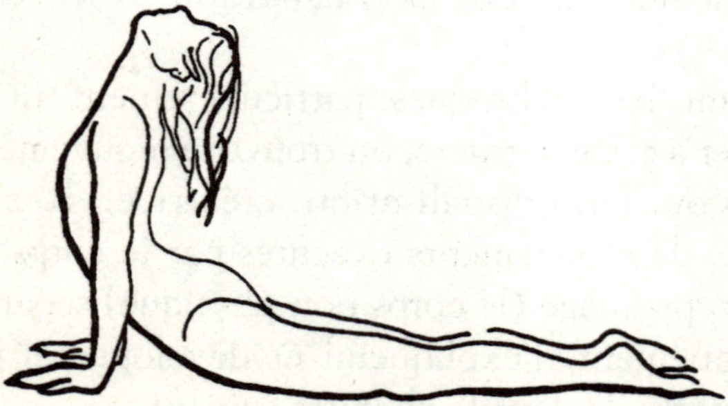

Figure 1. Le serpent

Le chat

Mettez-vous à genoux, les mains sur le sol devant vous, les coudes tendus. Arrondissez le dos au maximum, comme un chat, en rentrant la tête et les épaules. Miaulez comme un chat si vous en avez envie ! Puis relâchez le dos, en le creusant le plus possible, la tête et les épaules levées. Là, ronronnez comme un chat ! Recommencez.

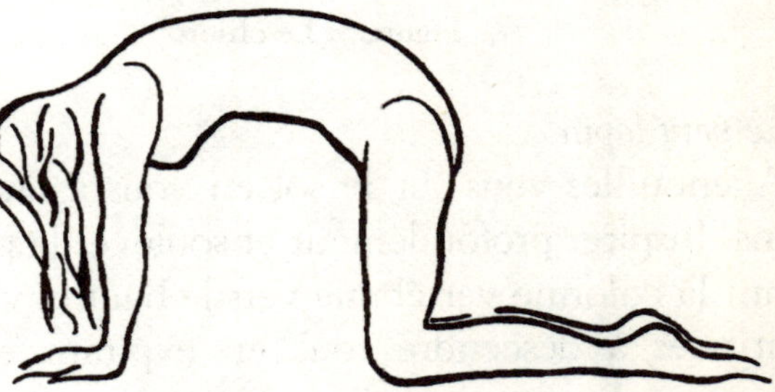

Figure 2. Le chat

Le chien

Allongez-vous sur le ventre, les paumes des mains sur le sol à côté de la taille. Les jambes doivent être légèrement écartées, un peu plus que de la largeur des hanches, les orteils repliés et pressés contre le sol, les talons levés. Inspirez et poussez avec les mains et les pieds jusqu'à ce que votre corps prenne une forme de V retourné. En expirant, plaquez vos talons au sol et alignez la tête avec le dos. Grognez comme un chien ! Revenez sur le sol et reposez-vous. Recommencez.

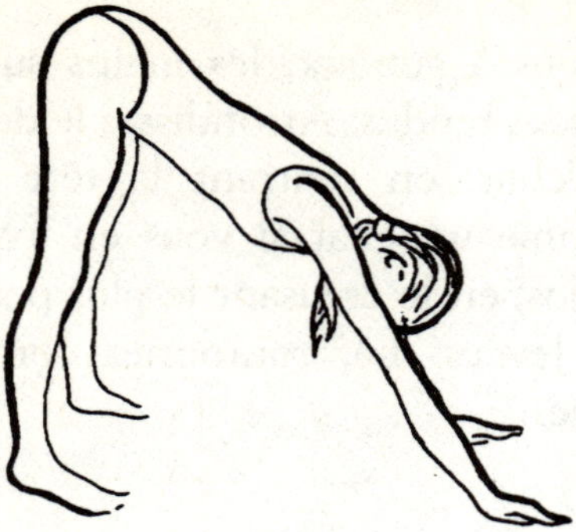

Figure 3. Le chien

Le petit lapin

Agenouillez-vous sur le sol en vous asseyant sur les talons. Inspirez profondément et soulevez la poitrine, en étirant la colonne vertébrale vers le haut et vers l'avant. Continuez à descendre tout en expirant et en vous étirant vers l'avant, jusqu'à ce que votre poitrine touche vos cuisses. Placez vos poings l'un sur l'autre sur le sol

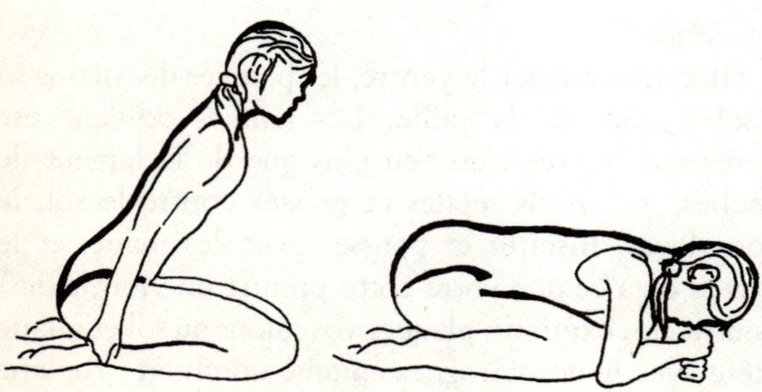

Figure 4. Le petit lapin

devant vous et posez le front dessus. Laissez dormir le petit lapin ! Puis inspirez, levez la tête et, en expirant, revenez lentement à la position assise. Recommencez.

L'arbre

Mettez-vous debout, bien droits, les deux pieds serrés. Choisissez un point sur le mur en face de vous. Assurez-vous qu'il est immobile et concentrez-vous dessus : il vous aidera à garder l'équilibre. Levez votre pied gauche et placez-le juste au-dessus de votre genou droit, en ouvrant le genou gauche sur le côté. Levez lentement les bras au-dessus de la tête en gardant les paumes des mains pressées l'une contre l'autre. Inspirez et expirez lentement. Tendez un peu plus les bras et abaissez les épaules. Inspirez et expirez de nouveau. Sentez-vous calme comme un chêne fort et robuste. Inspirez puis, en expirant, baissez lentement les bras et la jambe. Recommencez avec l'autre jambe.

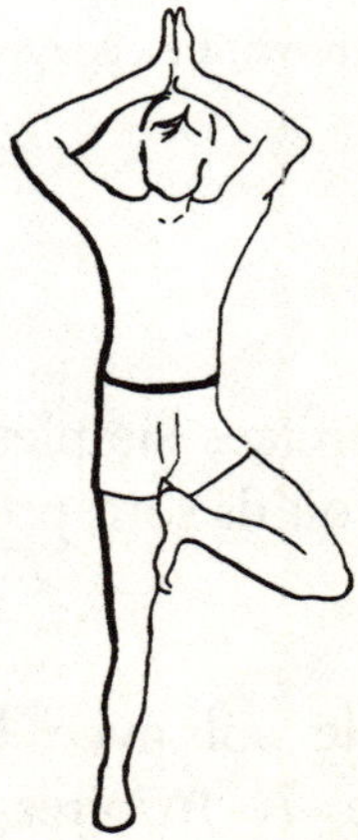

Figure 5. L'arbre

Le cadavre

Couchez-vous à plat sur le dos, les jambes légèrement écartées, les chevilles et les pieds relâchés. Écartez les bras, les mains loin du corps, les paumes tournées vers le haut. Fermez les yeux et détendez-vous totalement, en imaginant que vous êtes un cadavre. Essayez de bien sentir quel effet cela vous fait d'être complètement immobiles !

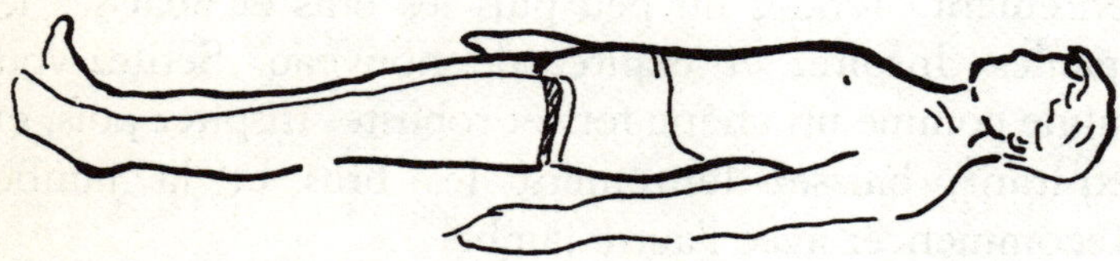

Figure 6. Le cadavre

Stretching

Voici quelques exercices simples pour tous les âges. Faites-les dans l'ordre où ils sont présentés.

Exercice 1

Asseyez-vous sur le sol avec les jambes croisées, comme sur la figure 7. Inspirez profondément. En expirant, penchez-vous lentement en avant, les deux bras tendus devant vous, jusqu'à ce vos mains touchent le sol. Inspirez et expirez profondément plusieurs fois. A chaque expiration, allez un peu plus loin vers l'avant. Imaginez quelque chose de délicieux (par exemple un gros gâteau au chocolat !) à quelques centimètres devant vous. Attrapez-le ! Puis inspirez et asseyez-vous en expirant. Recommencez.

Figure 7

Exercice 2

Asseyez-vous la colonne vertébrale droite, les jambes croisées et les bras reposant sur les genoux, comme sur la figure 7. En gardant les coudes tendus, décrivez lentement des cercles vers l'extérieur avec vos poignets (de façon à ce que vos mains fassent un cercle complet) trois fois vers l'extérieur et trois fois vers l'intérieur. Imaginez que vous remuez quelque chose de visqueux comme de la colle ou du sirop. Puis secouez vigoureusement vos mains (pour enlever la colle) et détendez-vous.

Exercice 3

Allongez les jambes devant vous, comme sur la figure 8. Gardez la colonne vertébrale droite et les bras pendant de chaque côté. Imaginez que vous avez un morceau de craie de couleur attaché aux gros orteils et un tableau noir devant les pieds. Fléchissez vos pieds au maximum, si possible jusqu'à ce que vos talons ne touchent plus le sol. "Voyez" la belle ligne que vous avez dessinée avec la craie ! Puis tournez vos jambes vers l'extérieur depuis les hanches (en gardant les pieds fléchis) de façon à ce que vos orteils regardent vers l'extérieur, en décrivant une large courbe avec votre craie. Assurez-vous que vos genoux sont bien tendus ! Pointez vos orteils et vos pieds, en étirant les jambes aussi fort que vous le pouvez. Les petits orteils doivent à peine toucher le sol. Puis remettez vos jambes parallèles et recommencez. Respirez régulièrement tout au long de l'exercice.

Exercice 4

En gardant les jambes allongées devant vous, comme sur la figure 8, penchez-vous lentement, les mains en avant, de façon à ce que le poids de votre tête la fasse descendre en direction des genoux. Respirez doucement et régulièrement, en gardant les épaules et le cou relâchés. Continuez à vous pencher en avant, en sentant l'effet de la pesanteur, jusqu'à ce que vous puissiez embrasser vos genoux ! Expirez lentement en vous relevant. Recommencez.

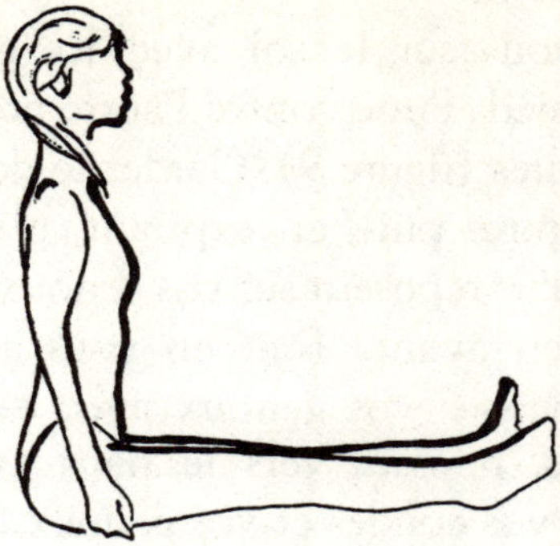

Figure 8

Exercices isométriques

Un mouvement ou un exercice est isométrique quand les muscles s'opposent l'un à l'autre ou travaillent contre un objet fixe ; il a pour but de faire prendre conscience des différents muscles et d'augmenter leur tonus. Voici quelques exercices isométriques de base pour tout le monde.

La porte

Debout dans l'embrasure d'une porte, levez les bras de façon à ce que le dos de chaque main touche le cadre. Pressez très fort les deux mains contre celui-ci, aussi fort que vous le pouvez, en comptant jusqu'à dix. Relâchez (si vous vous éloignez de la porte et que vous laissez vos bras pendre mollement le long du corps, vous vous apercevrez qu'ils monteront et s'écarteront doucement !).

Bras et jambes

Asseyez-vous sur le sol avec les genoux pliés, les plantes des pieds l'une contre l'autre et les mains posées sur les chevilles (figure 9). Gardez le dos droit et le cou redressé. Inspirez puis, en expirant, pliez les coudes de façon à ce qu'ils reposent sur vos genoux et penchez-vous légèrement en avant. Tout en vous accrochant à vos chevilles, abaissez vos genoux avec vos coudes et, en même temps, poussez vers le haut avec vos genoux. Pressez ainsi vos coudes et vos genoux les uns contre les autres en comptant jusqu'à dix. Puis relâchez en comptant jusqu'à dix. Recommencez. Qui sont les plus forts : vos bras ou vos jambes ?

Figure 9

Serrer

Couchés sur le dos avec un livre ou un petit oreiller sous la tête, pliez les genoux en posant les plantes des pieds sur le sol, légèrement écartées, les bras le long du corps. Placez un gros oreiller ferme entre vos genoux, comme dans la figure 10 (il doit être assez gros pour vous empêcher de coller les jambes l'une contre l'autre). Inspirez profondément puis, en expirant, serrez l'oreiller avec les genoux aussi fort que vous le pouvez. Essayez de ralentir votre respiration de façon à tenir jusqu'à dix, puis relâchez. Recommencez.

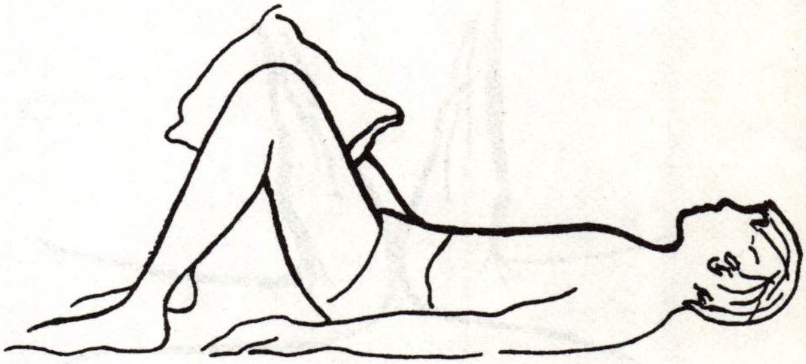

Figure 10

L'alligator

Mettez vos mains devant votre poitrine dans l'attitude de la prière. Assurez-vous que vos coudes sont bien horizontaux et vos épaules basses. Inspirez puis, en expirant, pressez vos paumes l'une contre l'autre aussi fort que vous le pouvez, en essayant de tenir jusqu'à dix. Puis relâchez en laissant les poignets collés tout en écartant les paumes et les doigts : on dirait la gueule d'un alligator ! (voir figure 11). Recommencez.

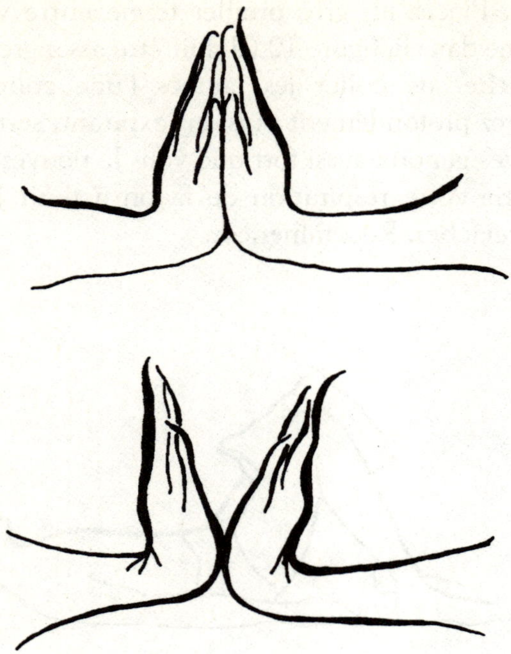

Figure 11

Danser

Plusieurs types de danse permettent de canaliser et de focaliser l'énergie. Si, comme l'enfant, vous en connaissez bien une et l'appréciez particulièrement, c'est souvent une bonne idée de faire ce choix, du moins pour les premières séances. Voici quelques suggestions de danses, simples à mettre en pratique et agréables à tous les âges.

Danses folkloriques

Si vous possédez les bases des danses folkloriques de votre région, c'est une occasion de les faire découvrir à l'enfant. Il est important que vous ayez la musique qui leur correspond afin de créer une atmosphère d'authenticité et d'en donner une impression juste. Exécutez les pas les plus simples, mais ne faites pas un "cours". L'enfant peut se contenter de vous suivre, sans craindre de faire des fautes. Guidez-le ou corrigez-le seulement s'il le demande. Détendez-vous et amusez-vous !

Danse improvisée

C'est une forme libre de danse, exécutée sur la musique de votre choix : classique, jazz, comédie musicale, musique du nouvel âge ou musique populaire – soyez simplement sûr d'être d'accord avec l'enfant sur celle que vous utiliserez. Il est souvent utile d'écouter avant de se mettre à danser. En dansant, veillez à ne pas vous concentrer sur l'autre et à ne pas le juger en quoi que ce soit, car cela bloquerait le processus. Laissez la musique guider vos mouvements comme si elle jouait à travers vous. Beaucoup d'enfants aiment faire semblant de danser devant un public de sourds – en illustrant par leurs mouvements les sons produits par la musique ! Pour des idées de musique, voyez la liste à la fin du livre.

Danse-mime

Cette combinaison de gestes silencieux et de danse vous permet de représenter quelque chose de caractéristique, un personnage (tel qu'un clown ou un jongleur) ou un élément de la nature (une fleur qui pousse ou un oiseau). La musique est très utile dans cet exercice, car elle peut aider à créer une atmosphère adéquate pour le mime que vous avez choisi. Une fois que chacun a créé son personnage, il peut être intéressant de les faire entrer en relation (par exemple, un oiseau voletant autour d'une fleur ou un clown essayant "d'aider" un jongleur). Prenez votre temps, faites appel à votre imagination et amusez-vous bien !

Kino-visualisation

Le mot kino veut dire en grec "mouvement", "dynamique", et en hawaïen "corps". Quand il accompagne la visualisation créatrice, il désigne le mouvement de l'image du corps, c'est-à-dire un mouvement exécuté par le corps physique et le corps-image (subtil), séparément et simultanément.

Aujourd'hui, de nombreuses personnes admettent l'idée que nous avons un deuxième corps, plus subtil (non physique), sorte d'image éthérique du corps visible. Certains thérapeutes le nomment "corps de l'imagination musculaire" ; les enseignants de yoga l'appellent "corps pranique". Quel que soit le nom qu'on lui donne, de nombreuses études ont montré que la prise de conscience progressive de ce "corps-image" accroît les capacités physiques, améliore les différentes fonctions corporelles et favorise notablement le processus naturel de guérison.

Ayant travaillé avec le corps-image dans l'enseignement de la danse et du mouvement pendant de nombreuses années, j'ai été le témoin de résultats étonnants aussi bien au niveau physique qu'en termes de conscience. Ce travail, aussi appelé kino-visualisation créatrice, est ainsi devenu peu à peu une technique à part entière et une matière en elle-même. Je me suis aperçue que les enfants, les adolescents en particulier, y trouvent beaucoup de plaisir et que de plus, ils en tirent très rapidement d'autres bénéfices tels que meilleure conscience de soi, confiance en soi, ainsi que, bien souvent, nette amélioration de la santé physique !

Voici quelques exercices de base utilisant le mouvement créatif au niveau du corps physique et du corps-image, qui favoriseront la prise de conscience, la circulation de l'énergie et les capacités physiques, augmenteront les capacités de concentration corporelle et mentale, focaliseront l'imagination en vue de la visualisation créatrice et vous donneront beaucoup de plaisir, à vous-même et à l'enfant !

Tête

Asseyez-vous bien droit, la tête droite, le regard dirigé devant vous. Tournez lentement la tête vers la droite, aussi loin que vous le pouvez, et concentrez-vous sur un point de la pièce, le plus loin possible sur la droite. Puis ramenez la tête au centre et recommencez en la tournant vers la gauche.

Fermez les yeux et, sans le faire physiquement, ayez

simplement l'impression de tourner la tête : imaginez que vous la tournez lentement, souplement et librement vers la droite, puis vers la gauche, très loin de chaque côté. Puis imaginez que vous la ramenez au centre.

Ouvrez les yeux et, cette fois-ci, tournez physiquement la tête le plus possible vers la droite, en vous concentrant sur le point le plus éloigné. Faites de même vers la gauche. Que s'est-il passé ? Votre tête est très certainement allée beaucoup plus loin des deux côtés !

Figure 12

Torse

Debout, les jambes assez écartées, les pieds fermement plantés sur le sol, imaginez que votre colonne vertébrale est un mât et que votre torse va s'enrouler autour de lui. En gardant les jambes parfaitement immobiles, tournez lentement vos épaules et votre torse vers la droite, aussi loin que vous le pouvez (figure 12), puis revenez à la position centrale. Ensuite, faites la même chose à gauche.

Fermez les yeux et restez parfaitement immobiles, en imaginant que vos épaules et votre torse s'enroulent librement et facilement vers la droite, reviennent à la position centrale avec aisance et grâce, et s'enroulent ensuite librement vers la gauche. Voyez votre corps revenir à la position centrale avec élégance et facilité – c'est votre corps-image.

Ouvrez les yeux et tournez physiquement votre torse vers la droite, puis vers la gauche. Restez immobile et “voyez” la spirale que décrit votre corps-image vers la droite. Puis tournez-vous physiquement vers la droite. Maintenant, voyez votre corps-image s'enrouler vers la gauche, suivi de votre corps physique. Remarquez qu'il est plus facile de s'enrouler physiquement une fois que le corps-image a décrit une spirale.

Bras

Debout, les jambes légèrement écartées, les pieds fermement plantés sur le sol, levez votre bras physique devant vous jusqu'à la verticale (figure 13). Sentez en quoi ce mouvement affecte tous les muscles de votre corps et modifie le contact avec vos vêtements. Percevez l'étirement dans votre épaule, votre bras et votre main. Tout en gardant ces sensations présentes à l'esprit, baissez le bras.

Faites la même chose avec le bras droit de votre corps-image ; ne levez pas le bras physiquement, mais voyez-le monter jusqu'au-dessus de votre tête, en sentant l'effet de ce mouvement sur le reste du corps. Puis baissez le bras de votre corps-image.

Recommencez l'ensemble de l'exercice avec le bras gauche, puis avec les deux bras simultanément.

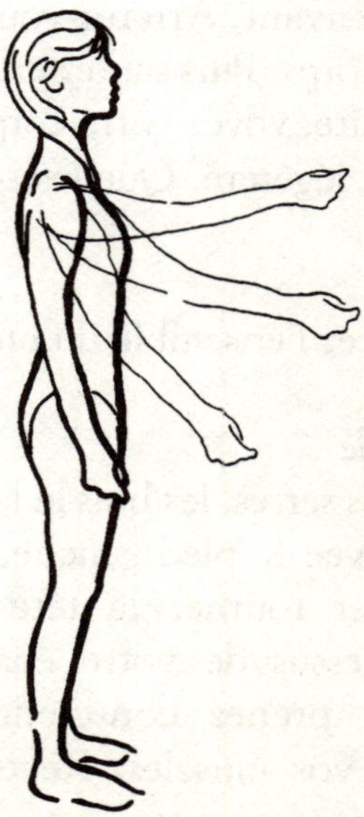

Figure 13

Jambes

Debout pieds serrés, les bras tombant le long du corps, avancez lentement votre pied gauche et prenez conscience de la façon dont ce mouvement affecte tous les muscles de votre corps. Sentez les muscles de votre jambe et de votre pied gauches. Avec la même attention, ramenez le pied gauche à la position de départ.

Refaites la même chose, mais seulement avec la jambe gauche de votre corps-image, et non pas physiquement. Sentez comment ce mouvement affecte l'ensemble de votre corps. Recommencez l'exercice avec la jambe droite.

Maintenant pliez légèrement les deux jambes et faites un petit saut en avant. Arrêtez-vous et observez les réactions de votre corps. Puis sautez en arrière avec la même attention. Ensuite, voyez votre corps-image faire ce saut, avec aisance et légèreté. Quelles sensations avez-vous à son niveau ?

Recommencez l'ensemble du processus.

Tout ensemble

Debout pieds serrés, les bras le long du corps, faites un pas en avant avec le pied gauche, les deux bras tendus devant vous, et tournez la tête vers la gauche (en regardant au-dessus de votre épaule gauche). Immobilisez-vous et prenez conscience des changements survenus dans vos muscles. Revenez à la position de départ. Puis recommencez avec votre pied droit, en regardant par-dessus votre épaule droite (figure 14). Veillez à garder votre attention sur vos muscles.

Faites la même chose avec votre corps-image, d'abord vers la gauche, puis vers la droite. Restez concentrés pendant tout l'exercice, et voyez-vous bouger avec beaucoup d'aisance et de grâce.

Recommencez avec votre corps physique, puis avec votre corps-image.

Défier la pesanteur

Debout pieds serrés, les genoux légèrement pliés, les bras le long du corps, sautez physiquement en l'air, en repliant les bras sur la poitrine et les jambes sous les fesses (essayez de vous botter le derrière !). En atterrissant, immobilisez-vous et observez vos réactions corporelles.

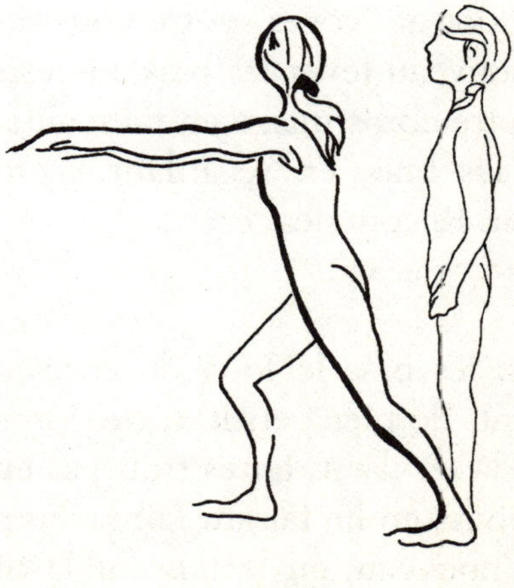

Figure 14

Avec votre corps-image, sautez aussi haut que vous le pouvez, en repliant les jambes sous les fesses et les bras sur la poitrine. Voyez-vous sauter très haut et sans effort. Faites-le plusieurs fois, comme si vous étiez une balle qui rebondit sans peine, encore et encore !

Sautez de nouveau physiquement, de la même manière. Ne sautez-vous pas plus haut qu'avant (physiquement) ?

Partenaires

Debout face à face (par couples si vous êtes plus de deux), les pieds serrés et les bras le long du corps, l'un exécutant les mouvements en miroir par rapport à l'autre. Levez (physiquement) les bras sur le côté jusqu'au-dessus de la tête. Abaissez-les lentement, en restant conscients de votre partenaire et en vous reflétant mutuellement. Recommencez.

Tournez-vous le dos et "voyez" votre corps-image en face de vous. De nouveau levez les bras au-dessus de la tête en "voyant" votre corps-image en faire autant. Puis baissez lentement les bras, en regardant votre corps-image dans le miroir. Recommencez.

Suivre le chef

Les pieds serrés, les bras le long du corps, essayez, pendant un moment, de bien sentir votre corps-image. Puis, en le laissant là où il est, faites trois pas en avant. Ensuite, faites-le suivre, en lui faisant faire trois pas pour vous rattraper. De nouveau, en le laissant là où il est, faites trois pas en arrière. Puis faites-le suivre, en lui faisant faire trois pas en arrière. Répétez le même exercice en vous déplaçant sur le côté, d'abord vers la gauche puis vers la droite.

Maintenant inversez le processus : faites faire trois pas en avant à votre corps-image, puis suivez-le avec votre corps physique. La sensation est-elle différente ? Continuez l'exercice jusqu'à ce que votre corps-image soit parti le premier dans les quatre directions.

Toucher les étoiles

Accroupissez-vous sur le sol et essayez, pendant un moment, de bien sentir votre corps-image. En le laissant dans cette position accroupie, levez-vous et, debout sur la pointe des pieds, touchez les étoiles. Accroupissez-vous de nouveau. Puis voyez votre corps-image se lever pour toucher les étoiles, sur la pointe des pieds. Imaginez-le atteindre les étoiles avec aisance et s'accroupir avec grâce. Enfin, voyez-le se relever, mais cette fois-ci, dès qu'il atteint les étoiles, rattrapez-le physiquement et entrez dedans tout en vous étirant comme vous ne vous êtes jamais étirés, jusqu'à toucher les étoiles !

Skier

Debout les jambes légèrement écartées, les bras pendant le long du corps, fermez les yeux, prenez une inspiration profonde et détendez-vous. Essayez, pendant un moment, de bien sentir votre corps-image. Puis voyez-vous au milieu de montagnes couvertes de neige, avec un sommet blanc triangulaire se détachant sur un magnifique ciel bleu. Mettez-vous (avec votre corps-image) dans l'image, transportez-vous en montagne. Sentez l'air vif et froid sur vos joues et prenez une autre inspiration profonde, en buvant le bon air clair et pur.

Maintenant imaginez-vous avec une paire de skis aux pieds (si vous ne savez pas skier, imaginez que vous savez). Voyez votre corps-image descendre jusqu'en bas en skiant sans effort. Puis physiquement pliez les genoux et penchez-vous légèrement en avant, pour descendre derrière votre corps-image. Faites des petites flexions des genoux, les bras le long du corps. Voyez votre corps-image évoluer gracieusement devant vous, balançant les bras en même temps qu'il plie les genoux. Faites physiquement tout ce que fait votre corps-image. Peu à peu, vous devenez plus gracieux, vous n'avez plus besoin de faire d'efforts et, comme votre corps-image, vous allez de plus en plus vite. Imaginez que vous sentez le vent sur votre visage. Continuez à fléchir les genoux tout en balançant les bras, emportés par vos skis... jusqu'à ce que, sans effort, naturellement, vous fusionniez avec votre corps-image et ne fassiez plus qu'un avec lui. Imaginez le sentiment de liberté que cela vous donne de descendre la pente à toute vitesse jusqu'à en perdre haleine. Maintenant ralentissez et arrêtez-vous. N'était-ce pas merveilleux ?

Danser

Asseyez-vous dans une position confortable, les yeux fermés, et écoutez un morceau de musique que vous avez préalablement choisi. Laissez la musique couler sur vous, à travers vous et autour de vous. Imaginez qu'elle entre en vous et qu'en vous quittant, elle emporte votre corps-image avec elle. Voyez votre corps-image danser en complète harmonie avec elle, en l'exprimant parfaitement par ses mouvements. Voyez votre corps-image et la musique fondre l'un dans l'autre avec aisance, grâce et plaisir.

Remettez la musique et reproduisez physiquement tous les mouvements de votre corps-image, en ne faisant plus qu'un avec la musique (si l'enfant est assez grand, mieux vaut peut-être, les premières fois, éteindre la lumière ou danser en vous tournant le dos mutuellement, au cas où il serait gêné). Réagissez-vous différemment à la musique après cet exercice ?

Si vous avez du mal à suivre les indications de ce chapitre, enregistrez-les à l'avance et faites-les passer pour les apprendre jusqu'à ce que vous soyez familiarisé avec elles. Si vous vous pré-enregistrez, veillez à parler lentement et à laisser des blancs pour l'exécution des mouvements.

Respiration

Pour amener l'enfant à un état méditatif, calme et détendu, il est nécessaire que vous soyez tous deux attentifs, silencieux et centrés. La meilleure position est généralement celle où l'on est assis par terre, jambes croisées, sur un coussin, car elle est facile à tenir et focalise l'énergie. Dans le véritable état méditatif, les ondes cérébrales sont suffisamment lentes (fréquence appelée alpha, bêta correspondant à la veille et thêta au sommeil) pour permettre une véritable visualisation créatrice. Il est donc essentiel d'être le plus détendu possible. Pour cela, après avoir éliminé les tensions et les blocages énergétiques au niveau du corps grâce aux exercices physiques et au mouvement créateur que l'on vient de voir, vous pratiquerez la respiration profonde dirigée.

Pour aider l'enfant à se concentrer sur sa respiration, il peut être intéressant d'avoir au préalable attiré son attention sur celle d'un nouveau-né. S'il y a un bébé chez vous ou dans votre famille, vous pouvez le laisser mettre la main sur le ventre du bébé et regarder sa respiration détendue et naturelle, impliquant tout l'abdomen. Dites-lui que nous sommes tous nés pour respirer ainsi !

Tout en guidant l'un des exercices suivants, efforcez-vous, si vous le pouvez, d'observer en permanence comment l'enfant respire. En effet, la respiration est grandement influencée par l'humeur générale : si l'on est anxieux ou nerveux, ou qu'on a mal quelque part, on respire plus vite. Inversement, on peut agir sur son humeur par le biais de la respiration, en prenant conscience de son caractère superficiel et de l'hyperventilation, et en s'y opposant. Quand cela vous semble nécessaire, aidez l'enfant à se centrer et à se calmer en guidant doucement son rythme respiratoire : vous pouvez soit l'encourager gentiment, soit le mettre à côté de vous pour qu'il vous entende respirer profondément et lentement. Si vous choisissez cette dernière méthode, vous vous apercevrez que son rythme respiratoire s'alignera progressivement sur le vôtre et finira par se régulariser.

Respiration profonde

Assis les jambes croisées, posez doucement les deux mains sur l'estomac. Au début, si l'enfant a du mal à bien sentir son abdomen dans cette position, couchez-vous sur le dos. Placez sous la tête un support (livre par exemple) d'environ cinq centimètres de haut. Pliez les genoux et posez les plantes de vos pieds à plat sur le sol, les jambes légèrement écartées.

Gonflez la poitrine et l'estomac pour inspirer, en gardant la bouche détendue et ouverte de façon à ce que l'air puisse descendre tout droit jusqu'à la base des poumons. Sentez votre abdomen tout entier se gonfler et se remplir d'air, puis faites sortir celui-ci, en commençant par la région pelvienne, jusqu'à ce que vous vous ayez l'impression de vous être complètement vidés. Recommencez une dizaine de fois.

Respiration de préparation au centrage (première version)

Assis les jambes croisées ou sur le rebord d'une chaise, gardez une position droite mais détendue. En comptant jusqu'à trois, inspirez profondément par le nez, la bouche fermée. Essayez de bien sentir votre abdomen, comme dans l'exercice précédent. Puis restez poumons pleins le temps de compter jusqu'à trois. Ensuite, expirez doucement par le nez, en comptant jusqu'à trois. Une fois que vous vous êtes complètement vidés, restez poumons vides en comptant jusqu'à trois. Recommencez l'ensemble de l'exercice trois fois, en veillant à bien garder la bouche fermée.

Respiration de préparation au centrage (seconde version)

Toujours dans la même position, pincez-vous doucement les narines avec le pouce et l'index. Soulevez le pouce et inspirez lentement par cette narine en comptant jusqu'à trois. Reposez le pouce (en pinçant de nouveau la narine) et restez poumons pleins en comptant jusqu'à trois. Soulevez l'index et expirez progressivement en comptant jusqu'à trois. Inspirez immédiatement par la même narine en comptant jusqu'à trois. Reposez l'index (en pinçant de nouveau la narine) et restez poumons pleins en comptant jusqu'à trois. Soulevez le pouce et expirez en comptant jusqu'à trois. Recommencez plusieurs fois, lentement.

Après avoir fait un exercice respiratoire ou deux, concentrez-vous un moment sur votre respiration naturelle – et demandez à l'enfant d'en faire autant. Respirez profondément et naturellement, sans forcer. Soyez attentifs au rythme de votre respiration : la détente s'accompagne-t-elle d'un ralentissement ?

Le fait de se focaliser sur la respiration permet de se centrer progressivement sur soi. Il est ensuite possible de passer à un état encore plus détendu et méditatif.

Mais avant, il faut penser à faire une série de vérifications pratiques, qui éviteront d'interrompre inutilement l'exercice de visualisation créatrice.

1. *Distractions possibles* : Si la pièce dans laquelle vous êtes donne sur une rue trop animée, fermez les volets ou les rideaux pour éliminer toute source d'éventuelle distraction. Avez-vous pensé à débrancher le téléphone ou à mettre le répondeur ?

2. *Air* : Comment est l'air ? La pièce est-elle bien aérée ? Si tous les jours vous y faites fonctionner des ordinateurs ou des machines, peut-être devriez-vous envisager d'acheter un ionisateur (si vous n'en avez pas encore) afin de neutraliser les ions. Vous avez peut-être fait brûler de l'encens ; c'est une bonne idée, car la plupart des enfants l'apprécient. Mais s'il y en a trop, cela peut gêner les exercices respiratoires, parce que la fumée a tendance à dessécher la gorge. Assurez-vous que personne n'a fumé dans la pièce avant la séance !

3. *Lumière* : La lumière est-elle suffisamment tamisée pour que vous puissiez fermer les yeux (ni spot éblouissant, ni ampoule de cent watts) ?

4. *Musique* : Si vous avez mis de la musique entraînante ou rapide pour le mouvement créatif, compensez par de la musique "calmante" au début de la respiration. Le bruit des vagues sur la plage convient également très bien, car il permet de suivre un rythme naturel (voir la liste des musiques recommandées).

5. *Position assise* : Si vous n'êtes pas bien assis directement sur le sol, installez-vous sur un grand coussin ou sur un chaise droite. Quel que soit votre support,

l'essentiel est que vous ayez le dos droit afin de favoriser la circulation de l'énergie et la concentration.

Pour finir, vérifiez le niveau énergétique de l'enfant. A ce stade, s'il est fatigué, il aura envie de s'allonger, ce qui n'est pas recommandé car il risque de s'endormir durant l'exercice. S'il n'est pas encore détendu et centré, vous pouvez envisager de faire ensemble l'exercice suivant.

Couchez-vous sur le dos, en mettant sous la tête un support (livre ou petit oreiller) d'environ cinq centimètres de haut. Pliez les genoux et posez vos plantes de pieds à plat sur le sol, légèrement écartées. Mettez les mains sur les hanches, les coudes sur le sol. Détendez-vous tranquillement dans cette position pendant quelques minutes, en respirant profondément et régulièrement. Voyez votre dos s'enfoncer dans le sol et sentez toutes vos tensions sortir de votre corps pour entrer dans la terre. Profitez de ce moment pour vérifier que vous êtes vous-même bien calme et centré. D'après mon expérience à la fois d'enseignante et de mère, l'état dans lequel je suis (que je le croie visible ou non) affecte profondément l'enfant et conditionne le processus de visualisation créatrice. Je me suis aperçue que, pour la réussite d'une séance, il fallait que je sois moi-même centrée, dans un état de calme et de concentration parfait.

Centrage et méditation

Vous êtes maintenant prêts à commencer les exercices de centrage et d'entrée dans un état de conscience méditatif. Pour ces deux exercices ainsi que pour la visualisation créatrice qui suit (troisième partie), vous aurez probablement intérêt à pré-enregistrer les explications jusqu'à ce que – comme précédemment – vous vous soyez familiarisé avec le contenu de ces pages ou ayez mis au point vos propres visualisations.

Les techniques de base ci-dessous, destinées à vous centrer et à vous faire passer à un état de conscience méditatif sont, d'après mon expérience, les mieux adaptées aux enfants de tous les âges. Elles font naturellement suite aux exercices de respiration et amènent la détente et la concentration d'esprit nécessaires pour tirer de la visualisation le maximum de bénéfices. Comme dans les chapitres précédents, vous pouvez choisir entre plusieurs exercices. L'un ou l'autre correspondra sans doute davantage à vos préférences familiales, quoiqu'il puisse être intéressant d'en changer de temps en temps.

Exercice 1

Tout en respirant profondément et régulièrement, concentre-toi sur un point situé en face de toi, légèrement vers le haut. En même temps, sens tes paupières devenir de plus en plus lourdes jusqu'à ce qu'elles finissent par se fermer. Ne résiste pas, ferme-les tout simplement… Maintenant, dirige ton attention sur ton cœur. Tu auras peut-être envie de poser ta main dessus. Sens son rythme… Commence-t-il à ralentir ou bien reste-t-il régulier ? Concentre-toi entièrement sur lui. Si d'autres pensées te viennent à l'esprit, laisse-les passer comme des pétales sur un ruisseau et ramène ton attention sur ton cœur. En même temps, pense à quelque chose ou quelqu'un que tu aimes, un animal domestique, un câlin ou ton endroit préféré. Sens quelle influence cette pensée a sur ton cœur… As-tu l'impression qu'il est différent ? Garde cet agréable sentiment d'amour pendant un moment, garde-le précieusement. Apprécie-le, il est si agréable… (restez silencieux pendant quelques minutes ou tant que l'enfant parvient à maintenir son attention. C'est à ce moment-là que vous devez introduire la visualisation créatrice de votre choix – voir troisième partie. Lorsqu'elle est terminée, faites un moment de pause. Si vous avez mis de la musique en fond sonore, baissez progressivement le volume jusqu'au moment où elle devient quasiment inaudible. Quand vous recommencez à parler, augmentez lentement le volume de votre voix jusqu'à ce que, à la fin de l'exercice, elle ait repris son rythme et son timbre normaux)... Ramène peu à peu ton attention sur ton cœur... Son rythme a-t-il changé ? Sens l'amour que tu as au fond de lui et envoie-en tout autour de ton corps. Ressens cette douce sensation à tous les niveaux... Ramène ton attention sur ta respiration. S'est-elle ralentie ?... Puis ramène lentement ton attention sur la pièce et, quand tu es prêt, ouvre les yeux.

Exercice 2

Respire profondément et naturellement, tout en te concentrant sur un point situé en face de toi, légèrement vers le haut. Reste concentré sur ce point jusqu'à ce que tes paupières te paraissent lourdes... Sens-les devenir de plus en plus lourdes jusqu'à ce qu'elles finissent par se fermer. Sens combien elles sont détendues et lourdes... Maintenant, écoute ta respiration en te concentrant sur son rythme et reste très tranquille. Imagine que tu es une vague de l'océan... (à ce moment, il est souvent utile de passer doucement, en fond sonore, une cassette de paisibles bruits de vagues). Imagine que tu es rejeté sur le rivage... puis ramené dans l'eau... (essayez de suivre le rythme des vagues : le rythme respiratoire de l'enfant suivra aussi !)... sur le rivage, puis dans l'eau... dedans, dehors... dedans, dehors... Sens que tu es les vagues, que tu es la mer... (restez silencieux pendant quelques minutes ou tant que le permet l'attention de l'enfant. Puis introduisez la visualisation créatrice de votre choix. Quand vous avez terminé, faites un moment de pause avant de continuer.)... Vois si tu peux trouver la paix en toi... une paix profonde, profonde... encore plus profonde que quand tu es prêt à t'endormir... reste parfaitement silencieux et sens cette paix... sens le silence... apprécie le calme et la paix pendant un moment... (restez silencieux pendant une minute environ, puis baissez lentement le volume de la musique ou des effets sonores que vous avez utilisés, jusqu'au moment où ils deviennent inaudibles. Quand vous recommencez à parler, augmentez lentement le volume de votre voix jusqu'à ce que, à la fin de l'exercice, elle ait repris son rythme et son timbre normaux).... Maintenant, ramène lentement ton attention sur ta respiration... S'est-elle ralentie ? Et ton rythme cardiaque ?... Pendant quelques instants, sens ton cœur battre ... Puis, progressivement, ramène ton attention à la pièce et, quand tu es prêt, ouvre les yeux.

Exercice 3

Tout en respirant profondément et régulièrement, concentre-toi sur un point situé en face de toi, légèrement vers le haut. Continue à te concentrer sur ce point jusqu'à ce que tes paupières te paraissent lourdes. Laisse-les se fermer et sens combien tes yeux sont reposés et détendus… Amène ton attention sur ton cœur, en posant tes mains dessus si tu le souhaites, et sens son rythme. Sens combien cette région est agréable et chaude… Maintenant pense à quelque chose que tu aimes… un chaton ou un lapin… un pré couvert de jolies fleurs… un gros câlin avec la personne que tu aimes le plus… A cette pensée, ton cœur se paraît encore plus chaud. Sens-le devenir de plus en plus gros au fur et à mesure qu'il se remplit d'amour pour tous les animaux et tous les gens qui vivent sur la Terre. Sens l'amour que tu as pour le monde entier… et bien sûr pour toi aussi ! Apprécie réellement ce sentiment pendant un moment… Maintenant, imagine que tu deviens de plus en plus petit jusqu'à pouvoir entrer dans ton cœur ! Sens combien c'est agréable d'être dans ton cœur… combien c'est chaud quand on est entouré par tout cet amour… (faites un moment de pause, tant que l'attention de l'enfant se maintient. Puis passez à la visualisation créatrice. Lorsque celle-ci est terminée, restez silencieux pendant un moment. Baissez progressivement le volume de la musique jusqu'à ce qu'elle devienne quasiment inaudible. Quand vous recommencez à parler, accélérez progressivement votre rythme)… Maintenant reviens dans ton cœur, entouré par tout cet amour… Imagine que tu deviens de plus en plus gros, de plus en plus gros, jusqu'à ce que tu aies retrouvé ta taille normale. Écoute ton cœur battre. A-t-il changé ?… Tu peux ramener ton attention à la pièce et, quand tu es prêt, ouvrir les yeux.

Exercice 4

Respire régulièrement, sans forcer, tout en te concentrant sur un point devant toi, légèrement vers le haut. Tes paupières commencent à te paraître lourdes. Laisse-les devenir de plus en plus lourdes jusqu'à ce qu'elles se détendent et se ferment. Garde ton attention sur ta respiration pendant un moment... puis amène-la sur ton cœur... Écoute ton cœur battre, essaie de l'entendre battre depuis l'intérieur de toi... Maintenant imagine au-dessus de ta tête une merveilleuse fontaine. Cette fontaine est à toi, c'est une fontaine très spéciale. Elle peut avoir la forme que tu veux, être de la couleur que tu veux... même avec des taches ou des rayures ! Elle est remplie d'une magnifique lumière blanche, d'une lumière blanche qui la remplit au point de déborder et de se déverser au-dehors de la plus jolie manière. Vois cette magnifique lumière blanche déborder de la fontaine et couler sur ta tête, jusqu'au sommet de ta tête. Sens-la éclabousser le sommet de ta tête, puis descendre sur ton visage, sur l'arrière de ta tête et sur ton cou. Elle coule sur tes épaules, ta poitrine et ton dos, puis descend jusqu'à ton estomac et tes genoux ; tu la sens couler à flots et éclabousser. Elle coule le long de ton dos, puis descend le long de tes bras et de tes jambes. Sens-la couler jusqu'à tes mains et tes pieds, puis quitter tes doigts et tes orteils pour pénétrer dans la terre. Imagine que tu es complètement recouvert et rempli par cette magnifique lumière blanche au point de faire partie d'elle, de faire partie de cette magnifique lumière blanche. Apprécie toutes ces sensations pendant un moment... (restez silencieux pendant quelques minutes ou jusqu'à ce que l'attention de l'enfant commence à se relâcher. Introduisez la visualisation créatrice que vous avez choisie. Lorsque celle-ci est terminée, baissez progressivement le volume de la musique ou des effets sonores. Faites un moment de pause et, quand vous recommencez à parler, accélérez un peu votre débit)... Maintenant ramène ton attention sur les battements de ton cœur... Peux-tu les ressentir depuis l'intérieur de toi ?... Amène ton attention sur ta respiration... sur l'espace qui t'entoure... et sur la pièce où nous sommes. Quand tu es prêt, tu peux ouvrir les yeux.

Exercice 5

(Mettez une petite bougie entre vous ou au centre du cercle, et demandez à l'enfant de la regarder en se concentrant sur la flamme. Demandez-lui de fixer celle-ci jusqu'à ce qu'il se sente obligé de fermer les yeux, puis dites-lui de les fermer pour de bon. Ne commencez l'exercice que quand tout le monde a les yeux clos.)

Vois le reflet de la bougie à l'intérieur de ta tête. Imagine que tu as dans la tête une flamme exactement pareille à celle de la bougie. Concentre-toi un moment sur le jaune de la flamme... (pause)... concentre-toi un moment sur le bleu... (pause)... concentre-toi sur la partie blanche... (pause)... Maintenant, sens la température de la flamme. Sens-toi devenir de plus en plus chaud, léger et brillant. Imagine que tu fais partie de la flamme…que tu ne fais plus qu'un avec sa chaude lumière brillante. Sens combien tu es chaud, calme et centré… Reste là, simplement, pendant un moment… (restez silencieux pendant quelques minutes ou tant que l'attention de l'enfant se maintient. Enchaînez avec la visualisation créatrice de votre choix. Quand celle-ci est terminée, faites un moment de pause. S'il y a une musique en fond sonore, réduisez légèrement le volume jusqu'à ce qu'on ne l'entende plus. Quand vous recommencez à parler, accélérez légèrement votre débit)… Maintenant, ramène progressivement ton attention à la sensation de chaleur et au point, à l'intérieur de toi, où tu as vu la flamme. Concentre-toi sur ta respiration… Puis, en ramenant ton attention sur la pièce qui t'entoure, prends une inspiration profonde et, quand tu es prêt, ouvre les yeux.

Exercice 6

Tout en respirant profondément et régulièrement, ferme doucement les yeux, en sentant que tous les muscles de ton visage sont détendus. Amène ton attention sur le point situé entre tes sourcils, à l'intérieur de ta tête. Continue à respirer profondément et régulièrement, profondément et régulièrement… Imagine que derrière ce point, derrière tes yeux, il y a une petite porte. Derrière cette porte, il y a des escaliers qui conduisent à ton cœur. Nous allons descendre peu à peu ces escaliers, très lentement. A chaque pas, tu seras de plus en plus détendu et tu t'enfonceras de plus en plus profondément à l'intérieur de toi-même. Il y a dix marches jusqu'à ton cœur et, chaque fois que tu en descendras une, tu seras plus détendu. Nous commençons à descendre... un... deux... plus profondément... trois... quatre... plus détendu... cinq... six... plus profondément silencieux... sept... encore plus détendu... huit... encore plus profondément... neuf... dix... tu es maintenant à l'intérieur de ton cœur, dans un état de conscience profond, détendu et très agréable. Sens tout l'amour qu'il y a dans ton cœur... Reste un moment là, à apprécier cet état... (restez silencieux pendant quelques minutes ou aussi longtemps que l'attention de l'enfant se maintient. Puis introduisez la visualisation créatrice que vous avez choisie. Lorsque celle-ci est terminée, réduisez lentement le volume de la musique. Quand vous recommencez à parler, augmentez progressivement le volume de votre voix jusqu'à ce que, à la fin de l'exercice, elle ait repris son rythme et son timbre normaux)... Maintenant, ramène lentement ton attention sur ton cœur. Je vais compter à rebours de dix à un et, à un, tu seras bien réveillé, tu te sentiras en pleine forme et tu ouvriras les yeux. Dix... neuf... huit... étire-toi un peu... sept... réveille-toi... six... cinq... tes yeux sont reposés et régénérés... quatre... trois... tu te sens bien... deux... un ! Ouvre les yeux, tu es bien réveillé et en pleine forme !

Exercice 7

Respire naturellement, sans effort, en te concentrant sur un point devant toi, légèrement vers le haut. Concentre-toi sur ce point jusqu'à ce que tes paupières commencent à te paraître lourdes. Ferme-les doucement… Amène ton attention sur ton cœur, comme si tu posais ta main dessus. Sens le rythme de ses battements… Focalise ton attention et ta conscience sur ton cœur et, en pensant à quelqu'un que tu aimes, sens de la chaleur dans cette région… Puis prends conscience de tes pieds, de tes orteils et de tes jambes. Sens toute l'énergie qui circule dans ces parties de ton corps. Tire cette énergie vers le haut, fais-la sortir de tes orteils, de tes pieds et de tes jambes pour l'amener dans ton cœur… Amène ensuite ta conscience dans ta tête, au sommet de ta tête, dans ton visage et ton cou. Sens toute l'énergie qu'il y a à ce niveau, puis amène-la dans ton cœur… Prends toute l'énergie rassemblée dans tes épaules, tes bras, tes mains et tes doigts ; sens cette énergie, puis amène-la dans ton cœur… Maintenant amène ta conscience dans la zone entourant ton corps. Sens toute l'énergie qu'il y a à ce niveau, puis amène-la dans ton cœur. Sens cette énergie dans ton cœur. Sens l'amour dans ton cœur. Sens ton cœur gonflé par toute cette énergie d'amour… Maintenant envoie cette énergie d'amour à tous ceux qui en ont besoin… puis à toi-même. Continue à la sentir, à l'envoyer et à l'apprécier pendant un moment… (faites une pause de quelques minutes ou tant que l'enfant parvient à maintenir son attention, puis commencez la visualisation créatrice que vous avez choisie. Lorsque celle-ci est terminée, restez silencieux pendant un moment. Réduisez lentement le volume du fond musical jusqu'au moment où il devient inaudible. Quand vous recommencez à parler, augmentez lentement le volume de votre voix jusqu'à ce que, à la fin de l'exercice, elle ait repris son rythme et son timbre normaux)... Maintenant, ramène progressivement ton attention sur ton cœur. Sens tout l'amour qu'il contient et n'oublie pas que cet amour est toujours là... Puis ramène ton attention sur ta respiration... et sur cette pièce. Prends une inspiration profonde et, quand tu es prêt, ouvre les yeux.

Pour trouver des musiques et des effets sonores bien adaptés à ces méditations et aux visualisations qui suivent, voyez la liste à la fin du livre. Passez-les à un volume relativement bas de façon à ne pas couvrir votre voix. Assurez-vous que la cassette est assez longue pour ce que vous voulez faire. Si l'enfant estime que la musique le distrait, n'en mettez pas.

Troisième partie

VISUALISATIONS CRÉATRICES

Les visualisations créatrices de ce livre sont prévues pour être intégrées aux méditations et utilisées dans le contexte indiqué. Ceci dit, il existe de nombreuses autres manières de les employer, et il ne fait aucun doute que vous découvrirez et mettrez au point votre propre façon de faire le moment venu.

Lorsque vous guidez une visualisation créatrice avec un enfant, il est essentiel que tout le travail préparatoire soit fait (c'est-à-dire libération des tensions, concentration de l'énergie et relaxation permettant d'arriver à un état méditatif). Au fur et à mesure que vous progresserez, vous aurez besoin de moins de temps pour chaque exercice, si bien que vous pourrez vous attarder davantage sur vos préférés ! En attendant, prenez tout le temps nécessaire pour aider l'enfant à passer dans l'état de conscience adéquat, de sorte que, dès le premier jour, il en tire un maximum de bénéfices.

Comme pour les méditations, parlez lentement, d'une voix douce mais audible, en faisant de nombreuses pauses. Vous n'avez pas besoin de suivre mot à mot ce qui est écrit ; brodez par-dessus, faites appel à votre imagination et tenez compte des besoins individuels de chaque enfant.

Toutes les visualisations suivantes conviennent à n'importe quel âge, mais je vous conseille, le cas échéant, d'adapter votre langage à l'âge et à la mentalité de l'enfant.

Si vous utilisez des effets sonores ou musicaux, souvenez-vous qu'ils sont là pour aider à focaliser l'énergie, accentuer l'atmosphère et intensifier l'exercice.

Créer un jardin

Chaque visualisation créatrice suit naturellement une méditation et se termine par l'exercice de “sortie” de la même méditation (voir chapitre précédent).

Le chemin

Imagine devant toi un chemin dans la nature – tu peux te le représenter de la manière que tu veux – large ou étroit, sinueux ou droit, près d'une rivière ou de la mer, dans une prairie ou une forêt – comme tu le désires… Tu marches sur ce chemin jusqu'à ce que tu arrives près d'un arbre, un arbre avec beaucoup, beaucoup de branches. C'est l'Arbre aux Problèmes, l'arbre où tu accroches tes problèmes. Fais un moment de pause et décharge-toi de tous tes problèmes, même les plus petits. Accroche-les à l'arbre avant d'aller plus loin… Assure-toi de n'en avoir oublié aucun !… Maintenant, continue ton chemin. S'il y a des pierres, des branches ou d'autres obstacles, arrête-toi pour les mettre doucement sur le côté. Donne-leur un peu de l'amour que tu as dans ton cœur et continue. Tu arrives bientôt à un jardin rempli de tes fleurs préférées. Tout en poussant doucement la porte, tu respires leur parfum. Tu entres dans le plus beau jardin que tu aies jamais vu. Il est exactement tel que tu le désires et il est tout à toi… Les couleurs sont très vives, très belles. Le soleil brille et les oiseaux chantent un chant de bienvenue. Tu te sens en sécurité et en paix… Promène-toi un moment dans ton jardin et explore-le… (arrêtez-vous quelques minutes ou tant que les enfants restent concentrés)… Maintenant, avant de partir, remercie ton jardin d'être là pour toi et d'être si parfait. N'oublie pas qu'il sera toujours là pour toi, chaque fois que tu auras besoin de lui… (revenez à la section correspondante de l'exercice de méditation).

D'après mon expérience, c'est la méditation qui marche le mieux, aussi bien comme cadre que comme base pour d'autres méditations ou pour des visualisations plus spécifiques. Vous pouvez y ajouter d'autres éléments, ce que je fais dans plusieurs des exercices suivants, ou l'utiliser telle qu'elle est. Seule, elle est particulièrement intéressante quand un enfant est malade, se fait du souci pour quelque chose de particulier ou bien a besoin d'être rassuré.

Vous pouvez également l'utiliser en dehors d'une séance, un peu comme vous raconteriez un conte. L'expérience m'a montré qu'elle peut se montrer efficace quand un enfant a des difficultés à s'endormir ou qu'il est confronté à une épreuve, telle qu'un séjour à l'hôpital.

L'Arbre Professeur

Imagine devant toi un chemin dans la nature. Suis-le jusqu'à ton Arbre aux Problèmes. Arrête-toi près de lui et accroche-y tous les problèmes que tu as aujourd'hui, quels qu'ils soient… L'Arbre aux Problèmes a tellement, tellement de branches qu'il y a de la place pour toutes sortes de problèmes… Maintenant, reprends ton chemin et va jusqu'à la porte de ton jardin. Arrête-toi et respire le parfum des belles fleurs qui y poussent. En entrant, remarque que le soleil semble briller encore plus fort que d'habitude. A l'intérieur de ton jardin, le ciel au-dessus de toi est du bleu le plus lumineux que tu aies jamais vu. Autour de toi les oiseaux gazouillent, et l'herbe sous tes pieds est douce et fraîche… Tu te promènes dans ton jardin jusqu'à ce que tu trouves un grand séquoia. Il est si grand qu'il dépasse les nuages… tu n'en vois pas la pointe ! Le tronc est immense, avec à sa base une petite ouverture, juste assez grande pour que tu puisses t'y glisser. En t'approchant du tronc, tu distingues un visage, un visage très doux et très sage, qui te fait penser à un gentil professeur. Il a l'air de te faire signe et tu entres doucement par l'ouverture. Tes yeux s'habituant à l'obscurité, tu t'aperçois que le centre du tronc est creux et qu'à l'intérieur il y a de nombreuses portes minuscules. Chacune mène à une certaine partie de la moelle, qui contient toute la sagesse que tu puisses trouver. N'aurais-tu pas une question à poser ? N'importe quelle question pour laquelle tu as besoin d'une réponse fera l'affaire… Alors que tu penses à ta question, la minuscule porte conduisant sur la partie de la moelle qui a la réponse s'ouvre, comme par magie. Tu te diriges vers la porte ouverte et reçois ta réponse… Elle peut se présenter sous forme d'inscription… ou de tableau… ou bien tu l'entends… Maintenant sors du tronc et reviens dans ton jardin. Retourne-toi pour remercier ton Arbre Professeur d'être là. Il te dit qu'il sera toujours là, chaque fois que tu auras besoin d'une réponse. En te dirigeant vers la porte du jardin, remercie ce dernier d'être là et n'oublie pas qu'il sera toujours là, quel que soit le moment où tu auras besoin de lui… (revenez à la section correspondante de l'exercice de méditation).

Si l'enfant ne trouve pas de réponse dans l'Arbre Professeur, assurez-lui qu'elle ne tardera pas à venir : il n'y avait peut-être pas assez de place derrière la minuscule porte pour la réponse, ou bien celle-ci n'était pas encore prête… D'après mon expérience, il en a presque toujours une. Mais parfois, elle est personnelle ou intime. Ne lui demandez pas quelle est sa question, ni quelle réponse il a reçue. S'il veut vous mettre au courant, il le fera en temps voulu.

Les nuages de la perception

Imagine devant toi ton chemin dans la nature. Marche jusqu'à ce que tu rencontres ton Arbre aux Problèmes. Arrête-toi pour y accrocher tous les problèmes que tu as aujourd'hui. Souviens-toi que ton Arbre accepte toutes sortes de problèmes !... Maintenant, reprends ton chemin et va jusqu'à ton jardin. Aujourd'hui, les fleurs sont couvertes de rosée. Leur parfum n'est-il pas délicieux ? Ouvre la porte et entre. En marchant dans l'herbe, tu remarques qu'une douce brise caresse ta peau et se mêle à la chaleur du soleil. L'herbe est douce et sèche, si bien que tu décides de t'allonger un moment. En regardant le ciel, tu vois passer quelques petits nuages blancs duveteux. Tu les observes et découvres que leurs formes évoquent pour toi différentes choses. Dans l'un des nuages tu vois une dame... Tu continues à regarder, et la dame se transforme en elfe... bientôt elle change encore et devient un vieux monsieur... puis un lapin... Reste à regarder les nuages pendant un petit moment et vois combien de formes et d'images différentes ils prennent, suivant la façon dont tu les regardes... Maintenant, le temps est venu de quitter ton jardin. En même temps que tu dis au revoir aux nuages, tu remercies ton jardin d'être là, car tu sais qu'il sera toujours là pour toi chaque fois que tu auras besoin de lui... (revenez à la section correspondante de l'exercice de méditation).

Le lac de la réflexion

Tu marches sur ton chemin dans la nature… jusqu'à ce que tu arrives à ton Arbre aux Problèmes. Si tu as des problèmes aujourd'hui, accroche-les à ton Arbre avant de continuer… Puis va jusqu'à ton jardin. Deux papillons magnifiques volèrent autour des fleurs. Regarde-les se poser sur elles, admire leur danse, et ouvre la porte. Aujourd'hui ton jardin est envahi par le parfum des arbres fruitiers en fleurs et les oiseaux chantent joyeusement. Tu pars en promenade dans ton jardin, passes près du grand Arbre Professeur… Veux-tu t'arrêter pour lui poser une question ?… Tu continues, passes à côté de plusieurs autres arbres, descends une colline, traverses une prairie… jusqu'à ce que tu arrives à un petit lac, un merveilleux lac d'un vert turquoise. Le soleil qui brille au-dessus de lui envoie une vive lumière blanche qui se reflète sur l'eau, donnant l'impression qu'un millier de diamants dansent à la surface. Tu t'arrêtes un moment et observes tous les mouvements du lac… toutes les rides à sa surface… L'air est immobile et le lac calme… paisible… Pendant que tu regardes, un petit canot vient vers toi… tu montes dedans, en sachant que dans ton jardin il ne peut y avoir aucun danger. Lentement le canot t'emmène vers le milieu du lac, en glissant sur l'eau avec grâce, comme un cygne. Tu t'allonges dans le canot et, par-dessus le bord, tu regardes l'eau. Celle-ci a la clarté du cristal et tu te vois comme dans un miroir… Que vois-tu d'autre ?… Le canot revient doucement vers la berge… Tu descends tranquillement sur la rive couverte d'herbe grasse et fais un signe d'adieu au canot. Tu retraverses ton jardin en sachant que tu peux y venir à n'importe quel moment. En partant, remercie-le... (revenez à la section correspondante de l'exercice de méditation).

La montagne de cristal

Imagine devant toi ton chemin dans la nature. Tu marches jusqu'à ton Arbre aux Problèmes. As-tu des problèmes à y accrocher aujourd'hui ?... Maintenant, continue jusqu'à ton jardin. Respire le doux parfum des fleurs fraîches tout en ouvrant la porte. Aujourd'hui, en entrant, tu remarques un petit sentier caillouteux sur le côté... et tu décides de le suivre. Il serpente au milieu de ton jardin, passe près d'une multitude de belles fleurs, de buissons et de plantes... Bientôt tu arrives au bout d'une haie. En tournant le coin, tu découvres devant toi une magnifique montagne multicolore qui ressemble à un cristal géant. Tu te rapproches et t'aperçois qu'elle comporte de nombreuses marches naturelles taillées dans le roc... tu décides de les escalader ! En mettant le pied sur la première, tu remarques que la base de la montagne est rouge, un rouge rutilant. Il y a d'un côté des fleurs rouge vif et de l'autre un cerisier qui croule sous le poids de magnifiques cerises rouges. Les fleurs ont un parfum exotique et tu décides de cueillir une cerise. Dès que tu mords dans sa chair, son jus sucré emplit ta bouche... mmm... Tu montes de quelques marches sur la Montagne de Cristal et tu découvres maintenant, sous tes pieds, une brillante couleur orange... Tu as l'impression d'être dans une orangeraie, car il y a de magnifiques oranges accrochées aux arbres tout autour de toi. Tu as sans doute envie de boire un peu de leur jus… directement venu des fruits… Tu montes quelques marches de plus et tu t'aperçois que ce niveau est d'un jaune vif et brillant. Il y a des fleurs jaunes partout… des longues et des courtes, des grosses et des petites… Un petit ruisseau coule sur un côté et tu décides de t'asseoir dedans pour te rafraîchir… Tandis que tu te baignes, un citronnier te protège de son ombre et le puissant parfum des citrons te rafraîchit encore plus… Quelques marches plus haut sur la montagne, tu arrives dans un vert luxuriant. Tu as l'impression de te retrouver dans la forêt vierge. Des centaines d'oiseaux magnifiques vont et viennent dans les arbres et tous tes animaux préférés sont là pour te saluer… Puis tu passes à l'étage suivant et autour de toi tout est bleu. Tu n'as jamais vu un aussi beau bleu… Sur l'un des côtés de la montagne, tu aperçois la mer et des dauphins qui jouent dans cette belle eau claire et bleue. Tu plonges dans la mer bleue pour nager et jouer avec les dauphins pendant un moment… Une fois revenu sur la montagne, tu montes au-dessus des rochers bleus et tout d'un coup tout devient violet… tu as l'impression d'être sur une améthyste géante… la lumière se reflète sur les rochers et tout étincelle autour de toi !… Quand finalement tu arrives au sommet de ta montagne, tu découvres que tout autour de toi est blanc… d'un blanc brillant. Toutes tes idées et tes rêves favoris vivent là. Les objets que tu préfères, les gens que tu aimes le plus, sont là… les anges, les fées, les nuages et les rayons du soleil… tout ce que tu as envie de voir là est là… baigné d'une brillante lumière blanche… Je te laisse un moment t'amuser sur ta Montagne de Cristal. Peut-être as-tu envie de l'explorer un peu ?… (pause)… En quittant ta Montagne, tu la remercies d'être là… tu sais que tu peux y revenir chaque fois que tu en as envie. Remercie aussi ton jardin d'être toujours là pour toi… (revenez à la section correspondante de l'exercice de méditation).

Il peut être intéressant, avant cette visualisation, de familiariser l'enfant avec les cristaux si vous ne l'avez pas encore fait.

Le tapis magique

Tu vois devant toi ton chemin dans la nature. Tu te promènes tranquillement jusqu'à ton Arbre aux Problèmes. Arrête-toi pour voir si tu as des problèmes à y accrocher aujourd'hui. Si oui, avance-toi pour les suspendre. Sois certain de n'en oublier aucun !… Maintenant continue ton chemin jusqu'à la porte de ton jardin. Arrête-toi pour apprécier les belles fleurs qui y poussent. Apprécie leur parfum. Puis ouvre la porte et entre. Tout en t'y promenant, tu sens le soleil qui te réchauffe. Aujourd'hui, les oiseaux et les insectes te font penser à un véritable chœur et l'herbe te paraît plus verte que jamais ! En sentant sa douceur sous tes pieds, tu regardes par terre… un peu plus loin devant toi il semble y avoir quelque chose de dessiné dans l'herbe… Tu cours voir ce que c'est… Devant toi, tu découvres un tapis aux brillantes couleurs, étalé au milieu de l'herbe. Tu te penches pour le toucher... il est doux comme du velours... précautionneusement tu montes dessus et tu t'assieds. Il est très confortable... tu as presque l'impression d'être assis dans l'air... peu à peu tu t'aperçois que tu es bel et bien assis dans l'air, car ton tapis a décollé et il est en train de planer quelques centimètres au-dessus du sol. C'est génial ! Voyons si tu peux voler !... C'est un vrai tapis volant... il s'élève de plus en plus haut, de plus en plus haut... tu dépasses le sommet des arbres, montes jusqu'aux nuages et les dépasses aussi... de plus en plus haut dans l'air, loin de la Terre, jusqu'au moment où notre planète n'est plus qu'une petite boule en dessous de toi. Tu vas de plus en plus haut dans l'atmosphère et tu te retrouves en train de voler parmi les étoiles. Assis sur ton tapis volant au milieu des étoiles, tu regardes notre Mère la Terre et lui envoies autant d'amour que tu peux. N'est-ce pas merveilleux de pouvoir faire cela ?... Maintenant tu as sans doute envie de passer un peu de temps à voler au milieu des étoiles et à te faire plaisir... (faites une pause aussi longue que le permet l'attention de l'enfant)... Ton tapis magique commence à redescendre... dis adieu aux étoiles... tu descends, descends, descends... la planète Terre paraît de plus en plus grosse au fur et à mesure que tu t'en rapproches... à travers les nuages, puis près du sommet des arbres... et très doucement ton tapis volant atterrit sur la douce herbe de ton jardin. En quittant ton tapis magique et ton jardin, tu les remercies d'être là pour toi (revenez à la section correspondante de l'exercice de méditation).

Le pont Arc-en-ciel

Imagine devant toi ton chemin dans la nature. Tu marches jusqu'à ce que tu rencontres ton Arbre aux Problèmes. Tu y suspends tous tes problèmes avant de continuer… En parcourant ton chemin pour aller jusqu'au portail de ton jardin, tu penses à enlever tous les obstacles que tu rencontres, avec douceur et amour. Une fois au portail, tu remarques les innombrables couleurs des fleurs qui y poussent. Tu respires leur doux parfum tout en ouvrant doucement la porte. Promène-toi tranquillement dans ton jardin, en prenant plaisir aux différents spectacles, aux sons et aux odeurs… Caresse ta fleur préférée et sens la douceur des pétales… Remarque qu'il vient juste de cesser de pleuvoir sur ton jardin. Maintenant, le soleil brille et de petites gouttes de pluie scintillent aux branches des arbres. L'herbe est humide et l'air frais. A l'autre bout du jardin, tu aperçois plusieurs arcs-en-ciel… On dirait des ponts jetés entre les arbres. Il y en a tellement que cela te donne envie de sauter de joie. Derrière tous ces petits arcs-en-ciel il y en a un gigantesque. Tu commences à marcher dans sa direction. Tu sais que dans ton jardin des choses magiques peuvent se produire et que, si tu continues, tu arriveras peut-être à toucher pour de bon l'arc-en-ciel !… Tu accélères le pas et traverses ton jardin en direction de l'arc-en-ciel géant. Tu te rapproches de plus en plus jusqu'à ce que… comme par magie, tu te retrouves juste en dessous ! Il ressemble à un énorme pont qui irait d'un côté à l'autre de ton jardin. Tu décides de t'aventurer à monter dessus. Tu te diriges vers l'un des côtés et commences à grimper.

En baissant les yeux, tu t'aperçois que toi aussi tu es maintenant de toutes les couleurs de l'arc-en-ciel… rouge, orangé, jaune, vert, bleu, indigo et violet. En étant sur l'arc-en-ciel, tu es devenu une partie de lui… Au moment où tu approches du sommet du Pont Arc-en-ciel, tu vois une silhouette venir à ta rencontre… c'est un ami arc-en-ciel !… Je vais te laisser jouer un petit moment sur l'arc-en-ciel avec ton ami arc-en-ciel… (pause)… Maintenant il est temps de quitter l'arc-en-ciel et ton ami. Remercie-les tous les deux d'être là… puis, en quittant ton jardin, remercie-le aussi. Tu sais qu'ils sont tous là pour toi chaque fois que tu as besoin d'eux… (revenez à la section correspondante de l'exercice de méditation).

Les fées guérisseuses

Imagine devant toi ton chemin dans la nature. Tu marches et passes devant ton Arbre aux Problèmes. Vois si tu as des problèmes à y accrocher aujourd'hui… Puis continue ton chemin jusqu'à la porte de ton jardin. Quel magnifique portail aujourd'hui… couvert des fleurs les plus colorées et les plus parfumées que tu puisses imaginer. Ce doit être le jardin le plus extraordinaire qui ait jamais existé ! Après avoir ouvert doucement la porte, tu la franchis et t'arrêtes pour admirer ton portail et le refermer. En t'éloignant pour aller te promener dans ton jardin, tu remarques un bruit d'ailes derrière toi. Tu te retournes… et découvres plusieurs visages minuscules en forme de cœur qui te regardent depuis les fleurs de l'entrée. En te rapprochant, tu t'aperçois qu'ils appartiennent à des petites fées qui apparaissent peu à peu derrières les fleurs et les feuilles. Il sort d'abord une première fée… puis une autre… puis une autre encore, jusqu'à ce qu'elles soient une dizaine à battre des ailes devant toi. Elles portent toutes des petits plumeaux, et ont des sourires chaleureux et avenants. Elles se mettent à chanter :

Nous allons te montrer ce que nous savons faire
Pour t'aider si tu n'as pas le moral.

Puis, en te prenant par la main, elles te font traverser ton jardin… (pause)… Tu arrives à une petite plage à l'écart. Le sable est doux, sec et chaud. Là, les fées te demandent de te mettre à l'aise. Elles s'affairent autour de toi avec leurs plumeaux. Tu te sens détendu et paisible, et tu ressens leur amour dans ton cœur… Elles chantent :

Si quelque part tu manques d'ardeur
Nous apporterons nos plumeaux pour t'aider à guérir.

Je suis sûr qu'il y a quelque part un endroit où tu voudrais bien te sentir mieux… Peut-être aimerais-tu simplement te faire dorloter par les Fées Guérisseuses… (faites une pause aussi longue que le permet l'attention de l'enfant)… En remerciant les fées et en les quittant, tu sais qu'elles seront toujours là si tu as besoin d'elles… tout comme ton jardin… (revenez à la section correspondante de l'exercice de méditation).

Cette dernière visualisation en rapport avec le jardin est très efficace quand un enfant ne se sent pas bien ou souffre des grands et petits maux dont chacun souffre en grandissant ! Je me suis également aperçue qu'elle peut être à la fois utile et efficace quand on l'utilise seule, par exemple lorsqu'un enfant a rendez-vous chez le docteur ou le dentiste. Elle l'aide à se détendre, à affronter la situation avec plus de calme, et permet souvent de chasser une éventuelle douleur passagère. D'après mon expérience personnelle, elle permet également d'accélérer la guérison en cas de maladie.

Maîtrise de soi

Chacune de ces visualisations suit naturellement une méditation et se termine par le processus de "sortie" de la même méditation (voir le chapitre Centrage et méditation). Cependant, elles peuvent être utilisées seules, pour aider l'enfant à se débarrasser de certaines peurs et pour renforcer sa confiance en lui dans la situation concrète et au moment même où elle est nécessaire.

Cauchemars

Quand un enfant souffre de cauchemars fréquents, est effrayé par "les monstres sous le lit" ou voit des "monstres" ou autre créatures effrayantes durant la nuit, faites les visualisations suivantes en les incluant dans une méditation, une première fois. Si les cauchemars reviennent, recommencez la visualisation immédiatement ou le plus tôt possible, de préférence dès que l'enfant se contrôle suffisamment pour cela. S'il est assez grand pour se souvenir des différents exercices et les faire seul, encouragez-le et rappelez-les lui au moment où il va se coucher.

Tu es maintenant en sécurité – tout est calme et paisible ; il y a de l'amour autour de toi et dans ton cœur. Tu es en sécurité et en paix. Maintenant, tu vas te retourner et regarder le monstre, en lui faisant face. Il n'y a aucun danger parce que là, c'est toi qui diriges les opérations ! Tends tes bras en direction du monstre. Étends tous tes doigts. Au fur et à mesure que tu les étends, tu vois le monstre devenir de plus en plus petit. Continue à les tendre. Plus tu tends tes bras et tes doigts, plus le monstre rapetisse ; il devient de plus en plus petit jusqu'à ce qu'il soit assez petit pour tenir dans la paume de ta main. Il continue à rapetisser, à devenir plus petit, jusqu'à n'être pas plus grand qu'une tête d'épingle. Maintenant tu peux devenir son ami… jouer avec lui… faire ce que tu veux avec lui… le faire rebondir comme une balle si tu en as envie… jouer avec lui comme tu veux ! (si l'enfant souhaite le faire passer par la fenêtre ou le jeter quelque part, laissez-le faire ce qui lui paraît naturel).

Douleurs dues à des tensions

Si vous avez un enfant qui souffre de douleurs liées à des tensions, comme des maux de tête ou de ventre, la visualisation suivante peut s'avérer très efficace. Faites-la une première fois, au milieu d'une méditation. Ensuite, faites faire à l'enfant l'action en question (dans ce cas, boire un verre d'eau) tout en répétant l'affirmation. Si les douleurs persistent, amenez-le à un médecin pour voir si elles n'ont pas de cause autre que la tension.

Imagine devant toi un grand verre et vois-le se remplir complètement d'eau. Tu sais que dans cette eau il y a un million de cristaux magiques invisibles qui vont t'enlever ton mal de… Respire profondément, puis laisse ressortir l'air. Maintenant, imagine-toi en train d'amener le verre à tes lèvres et de boire l'eau. Pendant que l'eau coule dans ta gorge et dans ton estomac, tu sens ton mal de… descendre et sortir de ton corps, balayé par les cristaux magiques. Tu sais que dès que tu auras fini de boire cette eau, ton mal de… sera complètement parti !… (brève pause)… Ton mal de… est maintenant parti et tu te sens beaucoup mieux qu'avant.

D'après mon expérience, cette visualisation est aussi efficace dans les colères que dans les douleurs, mais à condition que l'enfant reconnaisse que ses colères lui font du mal et qu'il souhaite les contrôler ou les éliminer. De toute façon, quel que soit le problème, s'il est en rapport avec des tensions, cette visualisation peut être très utile.

Colère

Si un enfant a un tempérament coléreux ou fait des colères violentes, faites la visualisation suivante une première fois dans le cadre d'une méditation (si le problème est sérieux, vous aurez sans doute envie de la faire ainsi deux ou trois fois). Puis encouragez l'enfant à la faire par lui-même chaque fois que vous sentez la colère monter en lui. Au bout d'un moment, vous pourrez également utiliser l'exercice précédent.

Imagine-toi dans une pièce vide. Tu es en colère – vois ton visage et sens ton corps… Maintenant, laisse cela… A la place, imagine devant toi ton jardin. Tu te vois dans ton jardin, en train de caresser ton animal favori, animal ou peluche. Tu es heureux. Vois ton visage et sens ton corps… Dis-toi que la prochaine fois que tu sentiras la colère monter, tu t'arrêteras pour aller dans ton jardin caresser ton animal favori pendant un moment, puis tu regarderas ce qui te met en colère. Tu regarderas depuis l'endroit où tu es dans ton jardin, et non pas depuis ta colère. Tu sais que si tu fais cela, tu te sentiras beaucoup mieux. Ton visage, ton corps, tes sentiments et toi tout entier se sentiront beaucoup mieux !

Peurs irraisonnées

Si un enfant est enclin à la nervosité et souffre de peurs irraisonnées, toutes les visualisations créatrices utilisant le jardin peuvent être très utiles. Cependant, assurez-vous que ses peurs sont vraiment sans fondement et que vous ne pouvez rien faire de concret pour l'aider à s'en débarrasser.

Le moment idéal pour faire les visualisations de jardin est le coucher. Plus vous les faites, mieux cela vaut. Vous pouvez utiliser les visualisations suivantes contre des peurs bien précises.

Tu sais que tu es maintenant tout à fait en sécurité. Retourne-toi et regarde ce qui te fait peur. Regarde ta peur de… (nommez cette peur). Transforme cette peur en nuage… De quelle couleur est-il ? Maintenant, montre le nuage du doigt. Au moment même où tu le montres du doigt, il commence à rapetisser. Il devient de plus en plus petit. Quand il devient suffisamment petit pour tenir dans ta main, attrape-le de l'autre main. Regarde-le. Ce n'est qu'un petit nuage et un nuage, ce n'est que de l'eau. Ferme ta main et sens le nuage s'évaporer. Puis ouvre ta main et regarde : il n'y a plus que quelques gouttes d'eau. Laisse ta main ouverte jusqu'à ce qu'elles sèchent… Maintenant que ton nuage est parti, ta peur s'est évaporée, elle a disparu ! (vous devrez peut-être faire cet exercice plusieurs fois avant qu'il soit efficace ; ceci dépend de l'étendue et de l'intensité de la peur en question).

Soucis et inquiétudes

Si un enfant se fait du souci et s'inquiète au-delà de ce qui serait normal pour son âge, la visualisation suivante peut être utile. Faites-la une fois ou deux au cours d'une méditation. Puis encouragez l'enfant à y faire appel de lui-même chaque fois qu'il sent venir l'anxiété.

Imagine-toi dans un grand espace dégagé. Tu es en train de te faire du souci. Regarde ton visage et sens-le. Vois et sens tes épaules, ton cou et tes mains... Maintenant, laisse tout cela... A la place, imagine ton jardin devant toi. Imagine-toi dans ton jardin, en train de faire ce que tu aimes, en train de bien t'amuser... (faites une pause assez longue pour que l'enfant entre vraiment en contact avec le plaisir de pratiquer son activité favorite)... Vois comme tu es heureux. Vois ton visage et sens-le. Vois combien tes épaules, ton cou et tes mains sont détendus, maintenant... Dis-toi que chaque fois que tu te sentiras venir l'inquiétude ou les soucis, tu t'arrêteras pour aller dans ton jardin t'amuser et faire ce que tu aimes le plus. Puis regarde de nouveau la chose qui t'inquiète. Vois-la depuis le confort et la joie de ton jardin. Vaut-elle vraiment la peine que tu te fasses tant de souci ?... Tu sais qu'en faisant cet exercice, tu retrouveras toujours, en toi, la sécurité.

Pour la visualisation ci-dessus et celle contre la peur, il est nécessaire que l'enfant ait déjà créé son jardin personnel (voir le chapitre Créer un jardin) et soit familiarisé avec les diverses visualisations de jardin.

Résolution de problèmes

L'utilisation de la visualisation créatrice avec des enfants dans le but de résoudre des problèmes comprend souvent deux étapes. La première – celle que nous utiliserons toujours – les aide à faire appel à leur intelligence intérieure, la seconde à concrétiser les changements éventuels que peut exiger la solution de leur problème. J'ai divisé chaque visualisation en deux parties. Dans certains cas, la seconde ne sera pas nécessaire.

J'utilise des images qui diffèrent selon les groupes d'âges, car les enfants plus âgés, pour résoudre leurs problèmes, préfèrent souvent des images abstraites, tandis que les petits sont plutôt à l'aise avec des images concrètes. Ceci dit, ne suivez pas ces principes d'âge à la lettre, car l'individualité de l'enfant peut dicter un choix très différent. Cela n'a pas d'importance si votre grande fille préfère la visualisation pour enfants de maternelle ou si votre fils de sept ans aime mieux celle destinée aux adolescents !

Chacune des visualisations suit naturellement une méditation et se termine par le processus de "sortie" de la même méditation (voir le chapitre Centrage et méditation).

L'Arbre Professeur

Enfant de maternelle à pré-adolescent. Condition préalable : avoir créé son jardin (voir Créer un jardin).

Imagine devant toi le portail de ton jardin. Regarde les belles fleurs qui le recouvrent aujourd'hui. Respire leur parfum tout en ouvrant la porte… Passe la porte et entre. Promène-toi dans ton jardin jusqu'à ce que tu arrives près de l'Arbre Professeur, ce grand séquoia avec le très très grand tronc creusé d'une ouverture. Dirige-toi vers cette ouverture et doucement, très doucement, entre… Une fois que tes yeux se sont habitués à l'obscurité, tu t'aperçois que l'intérieur du tronc est vaste et creux. Tout autour de toi il y a de nombreuses petites portes, dont chacune mène à une partie de la moelle. Dans la moelle de ce grand arbre se trouve toute la sagesse dont tu peux avoir besoin. Sur chaque porte tu vois quelque chose d'écrit : sur l'une c'est "famille", sur l'autre "école", sur une autre encore "…" (nommez le domaine dans lequel l'enfant a un problème, si vous le connaissez). Maintenant pense à ta question/problème et dirige-toi vers la porte qui lui correspond. Ouvre-la doucement et pose ta question à l'intérieur. Puis referme doucement la porte… En attendant la réponse, inspire profondément et respire le merveilleux parfum de l'arbre. Prends avec lui un peu de l'énergie qu'il contient et sens comme c'est agréable… N'est-ce pas merveilleux d'avoir ton jardin et ton arbre à toi, où tu peux venir chaque fois que tu en as envie ? Pense à toutes les choses agréables que tu fais dans ton jardin… Grâce à ces pensées, ton cœur se sent bien et plein d'amour. Apprécie ce sentiment pendant un moment… (brève pause)… Maintenant, la petite porte derrière laquelle se trouve ta réponse s'ouvre d'elle-même. Va vers elle chercher ta réponse, quelle que soit sa forme… (pause)… Remercie ton arbre pour sa sagesse ; remercie-le d'être là pour toi. Sors du tronc et traverse ton jardin. Remercie aussi le jardin d'être là pour toi… (revenez à la section correspondante de l'exercice de méditation ou continuez avec la seconde partie de cette visualisation, si elle est indiquée).

Juste avant d'arriver à la porte, tu remarques un pré sur la droite. Au milieu du pré se dresse une petite plate-forme. En te rapprochant, tu vois que c'est une scène construite en rondins, devant laquelle se trouvent plusieurs rangées de grands champignons. Tu décides de t'asseoir sur l'un d'eux et t'installes confortablement. Tu te demandes s'il va se passer quelque chose quand tu vois un personnage apparaître sur la scène. C'est toi ! Le personnage est toi avant que tu reçoives la réponse/solution (complétez comme il convient) à ta question/problème. De quoi avais-tu l'air et comment te sentais-tu ? Quelle est la différence entre celui qui regarde, assis sur le champignon, et celui qui est sur la scène ?... Quels changements dois-tu faire maintenant que tu as la réponse/solution ?... Regarde-toi sur la scène en train de faire ces changements... (faites une pause de quelques minutes, ou bien jusqu'à ce que vous ayez l'impression que l'enfant a terminé le processus ou commence à s'agiter). Maintenant, tu as terminé tes changements et tu te regardes saluer. Applaudis-toi... tout en frappant dans tes mains avec enthousiasme, tu te lèves et te prépares à partir. Remercie la scène et le pré de ton jardin pour cette expérience... (revenez à la section correspondante de l'exercice de méditation).

Le palais

Du primaire à l'adolescence.

Vois devant toi un beau paysage, celui que tu veux : une plage, des collines ondoyantes, une forêt ou un parc, ou n'importe quel autre cadre naturel. Tu marches au milieu de ce paysage et l'explores pendant un moment... (pause)... Tu arrives à un chemin, que tu suis. Tu le vois aboutir au loin devant un grand bâtiment. En te rapprochant, tu t'aperçois que ce bâtiment est magnifique... on dirait un palais ! Tu t'en rapproches doucement, en admirant sa majestueuse beauté... Il y a deux grandes portes dorées au centre. Quand tu t'approches, elles s'ouvrent. Tu entres lentement dans le palais. Il comporte de nombreuses pièces, des centaines même ! Il y a un panneau sur chaque porte. L'un indique “école”, l'autre “amis”, le troisième “famille”, un autre encore “...” (complétez avec le domaine dans lequel l'enfant a un problème, si vous le connaissez). Chaque porte donne sur une pièce où se trouvent des membres de la famille royale. Ils ont toute la sagesse dont tu as besoin pour résoudre un problème en rapport avec ce qui est indiqué sur la porte. Maintenant, pense à ta question/problème (supprimez si nécessaire) et dirige-toi vers la porte derrière laquelle se trouve la sagesse dont tu as besoin. Ouvre-la doucement et entre... Que vois-tu ?... Explique ta question ou ton problème aux membres de la famille royale qui sont présents, puis assieds-toi sur un coussin ou une chaise pour attendre leur réponse. En attendant, porte ton attention sur le contact du tissu sur lequel tu es assis. Est-ce du velours, de la soie ou autre chose ? Comment est-il ? Un parfum puissant et agréable se répand dans l'air. Dans la pièce, tout est chaud et beau. Sens que tu prends en toi toutes ces chaudes et merveilleuses énergies. Sens la région de ton cœur... Qu'y a-t-il dans la pièce qui te donne une sensation de chaleur au niveau du cœur ?... (pause)... Tandis que tu apprécies cette agréable sensation, un royal personnage vient vers toi avec ta réponse/solution. Reçois-la aimablement, quelle que soit sa forme... (pause)... Maintenant remercie ce personnage pour sa sagesse et, poliment, quitte la pièce. En sortant du palais, remercie-le d'être là pour toi (revenez à la section correspondante de l'exercice de méditation ou continuez avec la seconde partie de cette visualisation, si elle est indiquée).

Alors que tu viens de franchir les portes dorées, une voix venue de l'intérieur te rappelle. Tu te retournes, franchis les portes en sens inverse, puis en ouvres une autre, d'où provenait la voix. Tu arrives dans une salle de classe qui a l'air confortable. Elle est meublée exactement de la manière dont tu voudrais qu'une salle de classe soit meublée. A un bout de la pièce il y a un grand tableau noir et une table sur laquelle se trouvent des craies de toutes les couleurs. La voix vient d'une fenêtre. Tu te diriges vers cette fenêtre pour regarder à l'extérieur. Là tu vois... tu te vois toi-même... tel que tu étais avant de recevoir ta réponse/ solution, avant d'entrer dans le palais. Comment te sentais-tu alors ?... Comment te sens-tu en cet instant même ?... As-tu des changements à faire maintenant que tu connais la réponse/solution ?... (pause)... Va au tableau et choisis la craie de la couleur que tu préfères... Note au tableau le(s) changement(s) que tu dois faire... Vois les mots prendre forme... Réécris dans une autre couleur tout ce que tu as noté... Remplis le tableau avec le(s) changement(s) que tu es en train de faire... Maintenant recule-toi et regarde... Tu sais que tu as déjà fait ce(s) changement(s)... Donne-toi la meilleure note possible pour cet excellent travail ! Écris la note en haut du tableau... Remercie la salle de classe d'être là et de t'avoir aidé à faire cette expérience... En quittant le palais et ton merveilleux endroit, remercie-les tous les deux... (revenez à la section correspondante de l'exercice de méditation).

Le cœur

Adolescents

Concentre ton attention sur ton cœur, en pensant à quelque chose ou à quelqu'un que tu aimes… Apprécie le sentiment agréable que cela te procure… Puis prends une inspiration profonde et sens un chaud sentiment d'amour se répandre autour de ton cœur… Prends une autre inspiration profonde et sens-le remplir ton corps tout entier… Après avoir pris une autre inspiration profonde, sens l'amour remplir l'espace autour de ton corps. Sens-le s'étendre à toute la pièce dans laquelle tu es… Prends encore une inspiration profonde et répands cet amour jusqu'à ce qu'il remplisse le bâtiment dans lequel tu es… Respire profondément et remplis la rue, le quartier autour de ta maison… Remplis la ville tout entière avec cet amour… Prends une autre inspiration profonde et remplis ton pays tout entier avec cet amour… Prends une autre inspiration profonde et remplis le continent tout entier avec cet amour… Puis les mers autour du continent… Prends une autre inspiration profonde et, depuis le centre de ton cœur, sens l'amour s'étendre et se répandre à travers tous les continents jusqu'à ce qu'il ait couvert la Terre entière… Prends une inspiration profonde et sens l'amour remplir l'atmosphère autour de la Terre… Remplis l'univers de ton amour !… (pause)… Continue à te concentrer sur ton cœur… Maintenant, commence à te sentir devenir de plus en plus petit… de plus en plus petit jusqu'à ce que tu sois assez petit pour contenir dans ton cœur. Prends ta question/problème (enlevez si inapproprié) et mets-la dans ton cœur, en sachant que la réponse/solution que tu cherches est là. Sens combien c'est agréable d'avoir tant d'amour dans le cœur et de savoir que toute la sagesse dont tu peux avoir besoin est là pour toi… (pause)… Reçois et accepte la réponse, quelle que soit la manière dont elle vienne à toi… Apprécie-toi toi-même et apprécie ta capacité à ressentir autant d'amour. Remercie sincèrement ton cœur et toi-même de t'avoir permis de faire cette expérience… Maintenant tu commences à te sentir grossir et grandir… tu deviens de plus en plus gros jusqu'à ce que tu aies retrouvé ta taille normale (revenez à la section correspondante de l'exercice de méditation ou continuez avec la seconde partie de cette visualisation, si elle est indiquée).

Imagine devant toi un grand écran de cinéma. Assieds-toi au milieu de la salle, juste devant l'écran. Un film commence. C'est un film sur toi avant que tu reçoives ta réponse/solution à ta question/problème. A quoi ressembles-tu ? Comment te comportes-tu ? Comment te sens-tu ?… As-tu besoin de faire des changements maintenant que tu as ta réponse/solution ?… Le film s'arrête, un nouveau commence. C'est un film sur toi en train de faire le(s) changement(s) que tu as décidé de faire… Le film avance et tu te vois après le(s) changement(s)… A quoi ressembles-tu maintenant ? Comment te comportes-tu ? Te sens-tu différent en quelque chose ?… Imagine-toi maintenant sur le devant de la scène, en train de recevoir une récompense. Tu es récompensé parce que tu as brillamment réussi un changement très positif. Accepte aimablement la récompense... Des applaudissements nourris te saluent depuis la salle. Applaudis-toi toi-même avec enthousiasme. Remercie-toi, remercie le film, l'écran et la salle... (revenez à la section correspondante de l'exercice de méditation).

Si jamais l'enfant ne reçoit pas de réponse ou de solution à sa question ou à son problème, l'essentiel est qu'il n'ait pas l'impression de ne pas être à la hauteur. Pour cela, dites-lui que quand les gens posent une question, ils ne reçoivent pas toujours une réponse immédiatement. Dites-lui que cela vous est déjà arrivé et que, de plus, les réponses que l'on cherche arrivent parfois sous une forme différente, à un moment où l'on ne s'y attend pas. Assurez-vous que l'enfant comprend que lorsqu'on est prêt à recevoir une réponse, celle-ci viendra, d'une manière ou d'une autre.

Fixation de buts

Dans la vie, le fait de se fixer des objectifs est certainement un condition nécessaire pour pouvoir les atteindre, quel que soit l'âge ! Cependant, plus on est jeune quand on apprend et comprend cette simple vérité, plus il est facile de se concentrer sur ce que l'on veut durant les années plus tumultueuses de l'adolescence et de la vie adulte. En outre, plus l'objectif est clair, plus il a des chances de se concrétiser.

Les visualisations créatrices de ce chapitre ont pour but de clarifier et de déterminer un objectif, puis de se focaliser sur lui.

Pour ce faire, une discussion préalable peut être nécessaire, surtout si l'enfant est jeune. Mais, quel que soit son âge, accordez-lui suffisamment de temps et d'attention pour être sûr qu'il est tout à fait clair sur ce qu'il veut (son objectif) et ensuite sur ce que cela entraînerait pour lui s'il l'atteignait.

Pour rester focalisé sur un objectif, il est souvent nécessaire de répéter la visualisation tous les jours pendant un certain temps (qui dépendra, entre autres, de la difficulté à atteindre l'objectif en question).

Ces visualisations concernent particulièrement les enfants déjà grands (à partir de dix ans), bien qu'elles puissent également être utilisées avec des plus jeunes. Comme je l'ai déjà dit, l'individualité de l'enfant doit être le premier critère.

Chacune de ces visualisations suit une méditation et se termine par le processus de "sortie" de la même méditation (voir le chapitre Centrage et méditation).

Ton bureau

Concentre toute ton attention sur ton cœur, en pensant à quelqu'un ou quelque chose que tu aimes… Apprécie la sensation de chaleur qui enveloppe ton cœur… Sens-la se répandre dans tout ton corps… Apprécie-la pendant un moment… (pause)… Maintenant imagine-toi devant un magnifique paysage, un paysage que tu aimes… au bord de la mer, dans une forêt, ou même sur une autre planète, pourquoi pas… remarque les couleurs du paysage… les odeurs… la température… Fait-il chaud, froid, ou juste ce qu'il faut ?… Remarque les sons que tu perçois… Sens la paix dans ton paysage… sens la paix autour de toi et en toi… Puis promène-toi un petit peu et commence à te sentir chez toi… Maintenant que tu te sens tout à fait à l'aise dans ton paysage, tu aperçois, sur une colline tout près de toi, un petit bâtiment. Tu te diriges vers lui… Tu t'approches de la porte… tu l'ouvres et entres. Tu es chez toi. A l'intérieur tu trouves un bureau… ton bureau à toi, meublé exactement comme tu le voudrais. Note les détails… Passe un peu de temps à explorer la pièce…

Maintenant assieds-toi au bureau ou à la table. Il y a un stylo et du papier. Note l'objectif que tu t'es fixé. Note tous les détails, soigneusement, en prenant ton temps. Vois les mots se former sur le papier tandis que tu écris… (pause)… Puis appelle ton guide ou ton maître personnel. Ce peut être la personne que tu veux… ce guide ou maître va entrer dans le bureau par la porte en face de toi. Vois la porte qui s'ouvre et ton guide debout devant toi… (pause)… Tu vas lui demander de te montrer ce que tu dois faire pour atteindre ton objectif. Pose ta question à ton guide… et reste avec lui pour écouter tout ce qu'il a à te dire… (pause)… Tourne-toi maintenant vers l'un des murs de ton bureau, qui est recouvert d'un écran. Regarde l'écran, un film y est projeté. Tu t'y vois en train d'atteindre ton objectif… Quel effet cela te fait-il ?… Tu sais désormais que tu peux atteindre cet objectif, car tu as en toi tout ce dont tu as besoin… Remercie ton guide et ton bureau d'être là, en sachant qu'ils seront toujours là pour t'aider à atteindre tes objectifs. Quitte maintenant ton bâtiment, en fermant la porte derrière toi… (revenez à la section correspondante de l'exercice de méditation).

Ton théâtre

Concentre toute ton attention sur ton cœur et pense à quelque chose ou quelqu'un que tu aimes… En y pensant, tu te sens bien… Maintenant, vois devant toi un grand théâtre. Il est situé au meilleur emplacement possible et construit exactement dans le style qui te plaît… Tu y entres par l'entrée principale ou l'entrée des artistes, comme tu préfères… C'est ton théâtre. Promène-toi un moment à l'intérieur, pour l'explorer… Note s'il y a une couleur particulière… des sons… des odeurs… Quelle température y fait-il ?… Sens la paix et le calme de ton théâtre… Maintenant entre dans la salle et prends place dans l'un des fauteuils, au milieu… De quoi est recouvert le siège ?… Mets-toi à l'aise… Sur le fauteuil à côté du tien tu aperçois une brochure en papier glacé. Tu la prends pour la regarder. Elle décrit ton objectif… avec beaucoup de détails et des photos couleur pleine page ! Il y a de nombreuses photos, toutes en rapport avec ton objectif. Prends le temps de regarder chacune d'elles. Note tous les détails et prends-y plaisir… (pause)… Tu entends un bruit et lèves les yeux. Un metteur en scène sort des coulisses pour monter sur la scène. Comme c'est ton metteur en scène à toi, ce peut être la personne que tu veux.... Il commence à parler... à te parler de la pratique/des répétitions... à t'expliquer ce que tu dois faire pour atteindre ton objectif... Écoute-le... (pause)... Puis il quitte la scène et les lumières s'éteignent. Un projecteur puissant balaie le centre de la scène... et arrive sur toi !... Ta pièce commence. C'est l'atteinte de ton objectif, joué sous tes yeux... Regarde et apprécie... (pause)... Ta pièce est terminée, le rideau est tombé. Tu remercies le metteur en scène et toute la troupe, tu remercies ton théâtre, en sachant qu'ils seront toujours là chaque fois que tu auras besoin d'eux. Puis tu quittes ton théâtre, certain désormais de pouvoir atteindre l'objectif que tu t'es fixé... (revenez à la section correspondante de l'exercice de méditation).

Vous pouvez accroître l'effet de cette visualisation en suggérant à l'enfant de s'imaginer en train d'atteindre son objectif – afin de lui faire revivre les sensations qu'il a eues en se "voyant" durant l'exercice – chaque fois qu'il fait quelque chose qui l'en rapproche.

Amis et famille

Les relations avec la famille et les amis peuvent poser des problèmes à tous les enfants et, suivant les moments, des approches différentes sont nécessaires. Vous pouvez utiliser la visualisation créatrice pour aider un enfant à améliorer ses rapports avec les autres dans la plupart des situations, car elle est efficace à plusieurs niveaux. Elle peut arranger les choses même si une seule des parties concernées fait appel à elle. Si deux ou trois personnes l'emploient dans le but d'améliorer la même situation ou relation, elle est toujours efficace, qu'elles le fassent ensemble ou séparément, en même temps ou à des moments différents.

Quelle que soit la relation, les visualisations de ce chapitre peuvent aider à résoudre des conflits, à communiquer avec l'autre et à améliorer la qualité de l'écoute (voir le chapitre Partage). Elles peuvent également être utiles comme préparation d'une séance destinée à résoudre un conflit, d'une discussion ou de n'importe quel autre échange ayant pour but de régler des différends.

Chacune des visualisations suit naturellement une méditation et se termine par le processus de "sortie" de la même méditation (voir le chapitre Centrage et méditation). Mais elle peut également, si nécessaire, être employée seule (comme suggéré ci-dessus), sans méditation.

Figure 15

Perception

Avant cette visualisation, il est intéressant de regarder ensemble le dessin de la page (figure 15) et de préciser le sens du mot perception en cherchant, dans la même image, la femme jeune, puis la vieille. Vous pouvez aussi étudier un objet sous deux angles différents, en notant les différences de perception entre l'un et l'autre ; ou bien encore poser la question suivante : de combien de manières peut-on regarder une fleur ? De dessous les pétales, de dessus, au niveau des yeux ou dans un angle ; dans l'obscurité ou à la lumière du soleil ; mouillée, détrempée, avec des pétales salis, ou bien toute fraîche, couverte de rosée matinale et tachetée de minuscules particules de terre…

Imagine devant toi une clairière. Elle peut être n'importe où… Le sol est jonché de feuilles qui viennent juste de tomber, vertes et brillantes. Tu en ramasses une. Tiens-la entre tes doigts et sens sa texture. Comment est son extrémité ? Le dessous est-il différent ? Est-elle rugueuse ou douce ?… Humide ou sèche ? Amène-la près de ton visage et sens-la… Étudie sa surface… Est-elle de plusieurs couleurs, ou bien d'une seule ? Regarde-la sous différents angles… De quel côté te paraît-elle la plus belle ?… Maintenant, repose-la sur le sol. Assieds-toi près d'elle et pendant un moment, concentre toute ton attention sur ton cœur… Commence à te sentir devenir plus petit… de plus en plus petit jusqu'à ce que tu puisses entrer dans ton propre cœur. De plus en plus petit jusqu'à être plus petit que ta feuille. Puis grimpe sur elle et assieds-toi dessus… A quoi ressemble sa surface maintenant ?… Quelle est son odeur ?… Sa couleur ?… Reste un moment sur ta feuille et apprécie la sensation que cela te procure d'être là… Tu peux t'y promener si tu en as envie… Puis tu te glisses ou tu sautes en dehors de ta feuille et atterris sur un sol doux. Tu rampes sous ta feuille, tu te couches et tu la tires à toi comme si c'était une couverture. Mets-toi à l'aise… Sens la feuille contre ta peau. Sens sa température… qu'elle soit chaude ou fraîche, elle est exactement de la température qui te convient. Sens que tu prends toi aussi cette température idéale… Imagine que tu deviens progressivement la feuille… Maintenant, tu es la feuille. Quel effet cela fait-il d'être une feuille ?… Quel effet cela fait-il d'être vert ?… Quel effet cela fait-il d'avoir la texture d'une feuille ?… Pendant un moment, sens à quoi cela ressemble d'être une feuille… Apprécie… (pause)… Maintenant, tu te sens redevenir peu à peu toi-même… Tu reprends progressivement ta taille normale… Tu remercies la feuille de t'avoir laissé la tenir, monter sur elle et être elle pendant quelques instants… Puis tu concentres de nouveau ton attention sur ton cœur (revenez à la section correspondante de l'exercice de méditation).

Le cœur

Pour cette visualisation, il est préférable d'être assis face à face.

Amène toute ton attention sur ton cœur. Sens le rythme de ses battements. Essaie d'être à l'écoute de toi-même pour percevoir tout au fond de toi la paix et le calme. Sens la paix dans ton cœur… Sens ton cœur se remplir de paix… et d'amour. Ton cœur déborde d'amour.

Maintenant envoie un peu de cet amour à la personne qui est en face de toi… Sens l'amour aller de ton cœur vers le sien… Puis sens son amour revenir vers toi… Envoie maintenant un peu de cet amour à un ami ou à un membre de ta famille… Sens l'amour aller de ton cœur vers le sien… Puis sens l'amour revenir vers toi… Sens la chaleur à l'intérieur de toi… Sens la paix… Maintenant envoie un peu d'amour à… (nommez une personne avec laquelle l'enfant est en conflit). Sens l'amour aller de ton cœur vers le sien… Envoie cet amour librement et généreusement, sans te forcer… Vois si tu peux ressentir de la chaleur et de la paix en toi… Sens l'amour de cette personne te revenir… Garde précieusement ce sentiment de paix et d'amour dans ton cœur… (pause)… Amène ton attention sur ton cœur. Écoute de nouveau ses battements… (revenez à la section correspondante de l'exercice de méditation).

Être quelqu'un d'autre

Concentre ton attention sur ton cœur et, pendant quelques instants, pense à quelqu'un ou quelque chose que tu aimes. Apprécie les agréables sensations que cela te procure. Reste un moment avec ces sensations… (pause)… Sens l'amour se répandre depuis ton cœur et remplir tout ton corps… remplir la pièce autour de toi… Maintenant, tout en conservant ce sentiment dans ton cœur, imagine que tu es quelqu'un d'autre… quelqu'un que tu aimes et admires… un autre enfant de ton école, peut-être ?… Ce peut être n'importe quelle personne que tu aimes. Imagine-toi simplement être cette personne… (pause)… Maintenant imagine que tu vois… (citez le nom de la personne avec qui l'enfant est en conflit) à travers les yeux de la personne que tu es maintenant. Place… devant toi, au milieu de cette pièce. Regarde-le(la) tout en gardant précieusement le bon sentiment d'amour dans ton cœur…. Que vois-tu ? En étant la personne que tu es maintenant, en sentant l'amour dans ton cœur, que vois-tu ?… (pause)… … te paraît-il (elle) différent(e) ?… Comment réagirais-tu maintenant face à lui (elle) ?… Tout en gardant précieusement le sentiment d'amour, tu redeviens toi-même. Envoie un peu de l'amour qui est dans ton cœur à… Envoie-le librement, généreusement, sans effort… Vois si maintenant ce que tu ressens envers… n'est pas un peu différent. Garde ton attention centrée sur ton cœur… Garde précieusement ce sentiment d'amour… (revenez à la section correspondante de l'exercice de méditation).

Il peut être utile, après une visualisation de ce genre, de parler avec l'enfant de qu'il a perçu autrement et de lui demander s'il se sent différent intérieurement. Vous aurez peut-être besoin de la refaire plusieurs fois, mais mon expérience m'a montré que la persévérance est toujours récompensée !

Pour les plus jeunes, la visualisation "Les nuages de la perception" (voir le chapitre Créer un jardin) peut être intéressante quand on introduit l'idée de perception, de "voir les choses d'un autre point de vue".

Conscience globale

Accroître la conscience globale et le sentiment d'unité avec toute la création est plus important que jamais. La plupart des enfants d'aujourd'hui en sont très conscients et la visualisation créatrice peut les aider à se sentir faire partie d'un tout qui les dépasse.

Les images utilisées dans ces exercices conviennent à tous les âges, mais vous pouvez, si nécessaire, adapter votre langage à l'âge et à la mentalité de l'enfant.

Chacune de ces visualisations suit naturellement une méditation et se termine par le processus de "sortie" de la même méditation (voir le chapitre Centrage et méditation).

La graine

Vois devant toi un très beau paysage… un magnifique jardin ou un pré dans ton endroit préféré… Assieds-toi par terre dans ton pré ou ton jardin… Sens la douce herbe fraîche… Sens sa bonne odeur… Tu ouvres ta main et vois devant toi une minuscule graine, là dans ta paume. Plante cette graine dans le sol devant toi. Prends le temps de la planter et de l'arroser ; le soleil brille au-dessus de toi… Concentre ton attention sur ton cœur et sens l'amour qu'il contient. Envoie un peu de cet amour à la graine que tu as plantée… Imagine des vagues d'amour allant de ton cœur à la graine dans le sol. A chaque vague que tu envoies, imagine la graine qui pousse et qui finit par pointer à travers la douce terre sombre. Tu continues à envoyer des vagues d'amour et tu la vois grandir jusqu'à devenir une longue tige avec un petit bourgeon au sommet. Peu à peu ce bourgeon s'ouvre et devient une magnifique fleur blanche… Caresse doucement ses doux pétales. Comment te sens-tu ? Maintenant imagine que tu rapetisses… tu deviens de plus en plus petit jusqu'à ce que tu sois assez petit pour entrer dans la fleur… Glisse-toi en elle et installe-toi confortablement entre les pétales. Sens leur douceur contre ta peau. Sens le parfum puissant et doux de la fleur, tout autour de toi. Apprécie d'être dans la fleur… Progressivement, deviens une partie de la fleur… (pause)… Maintenant, tu imagines que peu à peu tu sors de la fleur, retrouves ta taille normale et redeviens toi-même. Touche doucement la fleur, en sachant que tu fais partie d'elle et de toute la nature… (revenez à la section correspondante de l'exercice de méditation).

L'arbre

Imagine devant toi un merveilleux paysage… Vois une clairière et place-toi dans cette clairière… Imagine maintenant que tu es un arbre…

A ce niveau, vous pouvez vous référer à l'exercice "Être un arbre" du chapitre Éliminer les gênes ou bien à l'exercice de yoga "L'arbre" dans le chapitre Mouvement créateur, si vous avez l'impression que cela peut aider l'enfant à vivre cette visualisation depuis l'intérieur de son corps.

Tu es un grand arbre avec un tronc puissant et de très nombreuses branches pleines de feuilles. Tes branches se balancent sous l'effet d'une brise légère ; elles sont tellement fournies qu'elles constituent un abri idéal pour les animaux, oiseaux ou insectes. Remarque le bruissement des feuilles autour de toi et l'impression d'être solidement planté dans le sol… Observe les oiseaux qui atterrissent sur tes branches, y construisent leur nid et gazouillent tout autour de toi… Quel effet cela te fait-il ?… Un animal, ou plusieurs – agneau, cheval, lièvre – vient s'abriter sous tes branches et se reposer près de ton tronc… Quel effet cela te fait-il ? Quel effet cela fait-il d'être cet arbre ?… (pause)… Maintenant amène ton attention sur ton cœur, en sentant tout l'amour qu'il contient pour les arbres, les oiseaux, pour tous les animaux. Envoie un peu de cet amour à tous les arbres et à tous les animaux de la Terre… Maintenant redeviens peu à peu toi-même… en gardant précieusement ce sentiment d'amour dans ton cœur… Tu sais que tu fais partie de la nature… (revenez à la section correspondante de l'exercice de méditation).

Le globe terrestre

Imagine devant toi un courant de lumière qui pénètre dans ton cœur. Sens ton corps se remplir de lumière et d'amour. Sens la lumière remplir tout ton corps… puis la zone entourant ton corps, la pièce autour de toi… La lumière remplit le bâtiment dans lequel tu es, la ville et le pays tout entier… Sens la lumière qui s'écoule de ton cœur, remplis-en le monde entier, en recouvrant l'ensemble du globe de lumière et d'amour… Maintenant, tu te es tellement plein de lumière et d'amour que tu commences à te dilater. Tu deviens de plus en plus grand… et la Terre de plus en plus petite en comparaison… Bientôt tu es si grand que tu as l'impression d'être aussi grand qu'un pays… n'importe quel pays dont tu te soucies… Tu flottes au-dessus de ce pays, en le recouvrant tout entier… La lumière continue à couler de ton cœur… Tu envoies maintenant un peu de cet amour que tu as dans ton cœur… Tu l'envoies à tous les gens et à tous les animaux qui vivent dans ce pays… Envoie l'amour et la lumière partout dans le pays, de sorte que chacun ait l'impression d'être baigné par une brillante lumière d'amour. Vois tous les gens et les animaux de ce pays tourner la tête vers cette lumière d'amour… Vois-les sentir la paix et l'amour que tu leur envoies… (pause)… Maintenant reviens progressi-vement à ta taille normale… tout en continuant à sentir l'amour et la paix dans ton cœur… Tu sais que tu peux remplir le monde avec l'amour qui est dans ton cœur… (revenez à la section correspondante de l'exercice de méditation).

Les étoiles

Imagine devant toi la lune dans un ciel d'un bleu profond… Imagine un brillant croissant de lune qui éclaire le sol devant toi… Maintenant, tu entres dans le rayon de lune… Là, baigné par cette clarté, tu sens l'énergie de la lune te tirer vers le haut… Tu commences à monter… tu montes, tu montes… bientôt tu voles dans le rayon de lune… jusque dans le ciel nocturne… Tu continues à voler… tu laisses le rayon de lune derrière toi et tu traverses le ciel… Il y a des étoiles tout autour de toi, qui étincellent comme des diamants… Tu te vois ouvrir tes bras et voler au milieu des étoiles… (pause)… Sens une lumière briller dans ton cœur… étincelante comme les étoiles autour de toi… Sens tout l'amour qu'il y a dans ton cœur et envoie un peu de cet amour aux étoiles et à l'univers, tout en continuant à glisser, sans effort, dans l'atmosphère… Sens que tu ne fais plus qu'un avec les étoiles et le ciel autour de toi… (pause)… Maintenant tu vois le rayon de lune au loin… tu te rapproches de lui et entres dans sa merveilleuse lumière… Peu à peu tu reviens vers la Terre en descendant dans le rayon de lune… Tu sens l'amour briller dans ton cœur et tu sais que tu fais partie de l'univers… (revenez à la section correspondante de l'exercice de méditation).

Visualisations d'activités créatrices

On peut nettement améliorer la qualité et les résultats de l'activité que l'on a prévue en lui consacrant une visualisation, surtout si cette activité constitue un point fort de la séance. Durant mes vingt années de pratique de la visualisation créatrice avec des enfants, j'ai toujours eu pour devise : "si l'on peut se voir en train de faire quelque chose, on peut le faire !" Elle n'a encore jamais été prise en défaut. Le pouvoir de l'imagination est véritablement très grand quand il concerne les résultats d'une activité ou d'une action. D'après mon expérience, c'est souvent la manière dont on s'imagine faire une chose qui détermine si oui ou non – et de quelle manière – on la réalisera ! Je vais vous donner un bref exemple. Si vous posez une planche sur la moquette de votre salle de séjour et que vous demandez à quelqu'un de se tenir en équilibre dessus, il y a de fortes chances qu'il y arrive parfaitement. Mais si vous mettez la planche entre deux grands arbres, plusieurs mètres au-dessus d'un sol goudronné, tous ceux à qui vous demanderez de se tenir en équilibre dessus y réfléchiront probablement à deux fois – même s'ils y arrivaient très bien tant que la planche était posée sur la moquette ! Pourquoi ? Parce qu'ils imaginent ce qui se passerait s'ils tombaient. S'ils tentent de marcher sur la planche placée entre les arbres, ils auront sans aucun doute beaucoup moins d'équilibre, et ce à cause de leur imagination.

Quand on montre à un enfant comment utiliser son imagination et ses capacités de visualisation dans le but de tirer le maximum de lui-même et d'arriver à faire ce qu'il veut, au lieu d'être limité par la peur, la qualité de sa vie en sera nettement améliorée !

Il existe plusieurs manières de faire une visualisation dans le but de favoriser une activité, qui dépendent de ce que vous cherchez à mettre en avant par rapport à l'activité en question :

1. Sa nature,
2. Son instrument,
3. L'activité en elle-même,
4. Sa réalisation.

Ces différentes expériences contribuent à accroître le plaisir, la compréhension et l'exécution de l'activité, ainsi que ses résultats. J'ai choisi une visualisation pour chaque objectif. A partir de ces principes de base, vous pouvez créer la vôtre, soit pour l'adapter à une activité que vous avez choisie avec l'enfant, soit pour faire vivre à ce dernier ce qui, dans l'activité en question, vous paraît le mieux lui convenir.

Chacune de ces visualisations suit naturellement une méditation et se termine par le processus de "sortie" de la même méditation (voir le chapitre Centrage et méditation).

Une visualisation de ce type peut être inventée et utilisée indépendamment d'une séance, par exemple avant un match de football, un cours de danse ou une leçon de musique.

Terre

Ressentir la nature de l'activité.
Activité qui fera suite : jardinage ou rempotage d'une plante.

Imagine devant toi une plante (ce peut être la plante que vous envisagez de rempoter ou n'importe quelle plante du jardin). Remarque la couleur verte des feuilles. Sens leur texture et leur odeur... Concentre ton attention sur ton cœur pendant un moment... Pense à quelque chose que tu aimes, puis pense à ta plante... et à sa beauté. Apprécie l'agréable sensation que ces pensées te procurent... Maintenant, imagine que tu rapetisses… tu deviens de plus en plus petit jusqu'à que tu puisses t'asseoir sur l'une des feuilles de ta plante. Comment te paraît la feuille ?… Commence à glisser le long de la feuille… Puis accroche-toi à la tige et descend doucement jusqu'en bas, en devenant de plus en plus petit, jusqu'à arriver sur le sol et n'être pas plus grand qu'une petite particule de terre… Tu fais maintenant partie de la terre. Sens-toi entrer dans la terre… tu ne fais plus qu'un avec elle… Sens sa température… sa texture… son odeur… Imagine que le sol avec les cailloux, l'argile, toutes les particules de terre, font partie de toi… (pause)… Une pelle est maintenant en train de creuser doucement autour de la base de la plante. Sens que la terre autour de toi est soulevée… toi aussi tu es soulevé… en dessous de toi, les racines de la plante sont arrachées… La pelle te soulève avec la plante et la terre, et tu es mis dans une nouvelle terre. Tu te mélanges avec le nouveau sol… tu es doucement tassé… puis arrosé. Tu deviens humide et frais… Tu t'enracines… Apprécie cette sensation… Maintenant, tu ressors progressivement de la terre, tu remontes la tige et arrives à la feuille… tu retrouves ta taille normale et redeviens toi… Tu ressens dans ton cœur de l'amour pour la plante et pour la terre, en sachant que tu ne fais qu'un avec elles deux… Remercie-les d'être là pour toi… (revenez à la section correspondante de l'exercice de méditation).

Air

Ressentir l'instrument de l'activité.
Activité qui fera suite : faire voler un cerf-volant.

Imagine devant toi un vaste espace découvert dans la nature et, à tes pieds, ton cerf-volant. Regarde son matériau... ses couleurs et ses dessins... Concentre ton attention sur ton cœur pendant un moment... Pense à quelque chose ou à quelqu'un que tu aimes... puis pense à ton cerf-volant... Apprécie l'agréable sensation que ces pensées te procurent... (pause)... Maintenant, imagine que tu commences à devenir petit... de plus en plus petit jusqu'à avoir la taille d'une tête d'épingle et être debout à côté de ton cerf-volant... Avance-toi et touche-le... Comment est son matériau ?... A quoi ressemblent ses dessins, vus d'ici ?... Quelles couleurs vois-tu ?... Monte sur ton cerf-volant et sens-toi devenir une partie de lui... tu ne fais plus qu'un avec le matériau... les couleurs... Maintenant sens le cerf-volant quitter lentement le sol... il monte progressivement... de plus en plus haut jusqu'à ce que tu voles dans les airs... Imagine que tu chevauches le vent tandis qu'il t'emporte de-ci de-là... Tu ne fais plus qu'un avec l'air qui t'entoure... (pause)... Tu survoles la campagne, loin au-dessus des collines et des vallées, des rivières et des forêts, des montagnes et des lacs... Tu commences à descendre... puis ton cerf-volant, avec une secousse, se remet à monter... Tu sens le vent devenir plus doux et lentement tu commences à redescendre en planant vers la terre. Sens la douce brise autour de toi... tout en te laissant entraîner vers le sol, tu continues à planer, puis tu atterris en douceur… Tu descends doucement du cerf-volant et t'en éloignes ; tu retrouves ta taille normale et redeviens toi… (pause)… Tu amènes ton attention vers ton cœur et sens l'amour qu'il contient pour le vent, l'air et la passionnante aventure que tu viens de vivre… et pour le cerf-volant avec lequel tu l'as partagée… Remercie-les tous… (revenez à la section correspondante de l'exercice de méditation).

Eau

Vivre l'activité elle-même.
Activité qui fera suite : natation.

Imagine devant toi une piscine/un lac/la mer (choisissez ce qui s'applique à vous). L'eau est claire et bleue, le soleil brille au-dessus de ta tête. Plonge tes mains dans l'eau et sens sa douceur… Concentre ton attention sur ton cœur pendant un moment… Pense à quelque chose que tu aimes… et pense à l'eau bleue qui t'invite… Apprécie la sensation de chaleur que ces pensées te procurent… Maintenant, entre progressivement dans l'eau… sens l'eau sur ta peau, clapotant doucement contre ton corps… Note sa température… Sens-toi devenir cette température… Sens-toi flotter sur l'eau jusqu'à ce que tu aies l'impression de ne plus faire qu'un avec elle… Sens-toi te déplacer dans l'eau… en glissant gracieusement et sans effort… Sens chaque mouvement que tu fais pour te déplacer avec de plus en plus d'aisance... Le rythme de tes mouvements se fond avec celui de l'eau jusqu'à ne faire plus qu'un... Apprécie d'être totalement en harmonie avec l'eau... (pause)... Coule avec l'eau... joue avec elle... Apprécie-la... Maintenant, dirige-toi doucement vers la rive... Sors de l'eau... Amène ton attention vers ton cœur et sens l'amour qu'il renferme pour l'eau... Remercie-la pour sa présence si généreuse... (revenez à la section correspondante de l'exercice de méditation).

Image

Ressentir la réalisation de l'activité.
Activité qui fera suite : dessin ou peinture.

Imagine devant toi une grande feuille vierge de papier blanc. A côté il y a une boîte pleine de crayons de couleur et de pots de peinture. Elle contient toutes les couleurs dont tu peux avoir envie... Concentre ton attention sur ton cœur pendant un moment... Pense à quelque chose que tu aimes... et pense à la feuille lisse que tu as devant toi, ainsi qu'aux crayons et aux peintures colorées et vivantes... Apprécie l'agréable sensation que ces pensées te procurent... Maintenant, en prenant ta couleur préférée, commence à dessiner ou à peindre... ce que tu veux... Le crayon ou le pinceau, dans ta main, se déplace librement sur le papier... en y créant l'image la plus belle et la plus parfaite... Remarque le bruit que fait le crayon ou le pinceau sur le papier... Sens la texture du papier et vois celle des couleurs… Sens l'odeur de la peinture ou des crayons tandis qu'ils se déplacent sur le papier… Imagine-toi en train de dessiner exactement les lignes et les formes que tu veux… Imagine-toi en train de créer exactement les images que tu as envie de créer… Imagine-toi en train d'utiliser exactement les couleurs qu'il faut au fur et à mesure que ton tableau prend forme… Apprécie la sensation que cela te procure de créer une image parfaite… (pause)… Ton tableau est terminé… Recule pour l'observer… Sens l'amour dans ton cœur… Donne un peu de cet amour à toi-même… et à ton tableau… Remercie le papier, les crayons et la peinture d'être là pour que tu puisses t'en servir… (revenez à la section correspondante de l'exercice de méditation).

Quatrième partie

Activités

Activités créatrices

L'activité créatrice faisant suite à la visualisation canalisera l'énergie accumulée durant la méditation et ramènera l'enfant sur terre (et vous aussi !). Elle permettra également de créer un équilibre entre les mondes intérieur et extérieur, de relier l'action au centrage et à la sagesse intérieure.

Vous pouvez choisir soit d'associer la visualisation à l'activité afin de les relier consciemment et clairement, soit de laisser l'enfant prendre conscience du lien à l'heure et de la manière qui lui conviennent ; son inconscient fera le rapprochement. Les deux méthodes, tout aussi valables l'une que l'autre, peuvent être utilisées alternativement, en fonction des besoins de l'enfant et de la famille. Si vous hésitez sur laquelle employer, suivez votre intuition !

Veillez à décider avant la séance de ce que vous allez faire et à bien tout préparer, de façon à ne pas interrompre le processus. Voici quelques idées d'activités pouvant faire suite à la visualisation créatrice.

Jardinage

Cette activité est possible sur une petite ou grande échelle : mettre en pots des plantes d'appartement, faire pousser du cresson, ou bien s'occuper de tout un jardin potager. Si le temps le permet, vous pouvez organiser l'ensemble de la séance dehors. D'après mon expérience, les enfants aiment faire de la méditation et de la visualisation en plein air.

Natation

Il est préférable qu'elle se pratique dans une rivière ou à la mer mais, si ce n'est pas possible, essayez de choisir un moment calme à votre piscine locale. Vous pouvez utiliser ce moment pour familiariser l'enfant avec l'eau s'il montre quelque appréhension, mais il n'est pas conseillé de le transformer en "leçon de natation". Pour vraiment bénéficier de cette activité, l'enfant doit être capable de faire les mouvements de base et de flotter. Si vous nagez à la mer ou dans un lac, vous pouvez faire toute la séance en plein air. Si vous allez à la piscine, pensez, lorsque vous entrez dans l'eau, à encourager l'enfant à recréer certaines sensations qu'il a eues pendant la visualisation ; ceci compensera le temps perdu à cause du trajet.

Dessin/peinture

Cette activité peut également être pratiquée à l'extérieur, si le temps le permet. L'enfant aura peut-être envie de dessiner ou de peindre les images qui lui sont venues durant la méditation. Cependant, il vaut mieux qu'il dessine ou peigne ce qu'il voit (surtout dehors) en y ajoutant ce qu'il a vu durant la méditation et la visualisation. Son tableau sera alors un mélange de réalité et de fiction, ce qui peut constituer un excellent exercice pour trouver un équilibre.

Batik

Vous avez intérêt à essayer tout seul avant de le faire avec un enfant. Veillez à laisser ce dernier créer librement son propre motif. Vous pouvez approfondir l'expérience en attirant son attention sur la couleur de la teinture, la texture du matériau, la sensation de l'eau sur la peau, l'odeur de la teinture et tous les bruits qui accompagnent le travail.

Modelage avec argile ou pâte à modeler

Comme cette activité risque d'être assez salissante, assurez-vous d'avoir suffisamment de temps pour nettoyer une fois que vous aurez fini, afin de ne pas interrompre prématurément l'activité. Encouragez l'enfant à créer un objet tiré de la méditation ou de la visualisation. Comme avec le dessin, il peut combiner les images de ce qu'il voit dans la réalité physique avec ce qu'il a vu dans la méditation et la visualisation, ce qui constitue un autre moyen de créer un équilibre.

Musique

Si l'enfant et vous jouez d'un instrument, improvisez ou composez une mélodie ensemble. Mettez en musique un poème écrit par l'enfant. Frappez le rythme des chansons à l'aide d'ustensiles de ménage tels qu'une bouteille et une cuillère (frappez la bouteille avec la cuillère, en rythme, mais pas trop fort !) ou une cuillère en bois et une râpe à fromage (grattez-la de haut en bas, en rythme) ou bien deux cuillères et une vieille planche à lessive (grattez-la de haut en bas et frappez-la comme un tambour). Vous pouvez également vous servir de vielles sonnettes de vélo, remplir des boîtes de conserve avec des pois secs et les utiliser comme maracas, ou encore frapper deux morceaux de bois l'un contre l'autre. Mais ce que les enfants aiment le plus, c'est généralement taper sur des marmites et des casseroles avec des cuillères ! Quoi que vous choisissiez, faire de la musique ensemble peut créer un sentiment de communion familiale et favoriser le partage de la créativité.

Danse

Peut-être avez-vous choisi la danse ou le mouvement créatif au début de la séance et souhaitez-vous reprendre l'une ou l'autre pour en faire votre activité créatrice. Si c'est le cas, mettez de la musique qui vous fasse bouger, de préférence un morceau très varié tel qu'une ouverture, car cela permet d'exprimer tous les aspects de la musique.

Improvisez et dansez librement ou bien inventez ensemble de nouvelles danses.

Kino-visualisation

Vous aurez parfois envie de faire comme activité créatrice davantage de mouvement corps-image (voir le chapitre Kino-visualisation). Si c'est le cas, je vous suggère de mettre de la musique, de préférence des morceaux que vous aimez tous. Vous pouvez inventer à partir des exercices et des techniques du chapitre sur la kino-visualisation ou bien en créer de nouveaux.

Danse en ombre

Là aussi, choisissez un morceau de musique qui vous fasse bouger. Mettez-vous l'un en face de l'autre (par couples si vous êtes plus de deux). L'un des deux, le meneur, fait certains mouvements et l'autre doit répondre à ces mouvements ou les suivre, soit sur le mode ombre, soit sur le mode partenaire. Au bout d'un moment, intervertissez les rôles. Observez et appréciez les nombreuses variations et inter-relations qui apparaissent. Donnez à cette activité le temps de se développer.

Écriture

Cette activité convient généralement mieux à des enfants assez grands. Faites écrire à l'enfant (et écrivez vous-même) de courts récits, des poèmes ou des essais sur ce qu'il a vécu lors de la méditation et de la visualisation. Vous pouvez aussi inventer une courte histoire qui se passe à l'intérieur ou à partir de la visualisation. Lisez-vous mutuellement ce que vous avez écrit (sans jugement) si vous vous sentez assez à l'aise pour le faire.

Album

Vous aurez peut-être envie de faire un album avec tous vos exercices de méditation et de visualisation. Vous pouvez y dessiner, écrire, coller des photos ou des images que vous aimez bien et que vous découperez dans des journaux ; bref, de façon générale, y faire tout ce qui, d'après vous, soutiendra ou exprimera vos visualisations, vos objectifs et vos buts.

Dessin en double

Étendez une grande feuille de papier sur le sol, mettez-vous un de chaque côté et commencez à dessiner ainsi, en improvisant. Tout en dessinant, discutez de ce que vous avez vécu durant la méditation et la visualisation que vous venez de faire. Vous pouvez également passer de la musique en fond sonore pour que l'atmosphère reste aussi légère et détendue que possible. Observez à quel moment les dessins se rencontrent et de quelle manière vous décidez de les faire fusionner. Comment finissent-ils par ne faire plus qu'un ?

Partage

Une fois que vous avez terminé la méditation, la visualisation et l'activité créatrice, il peut être très intéressant de parler de ce que vous avez vécu durant les exercices. Bien que la plupart des enfants (et des adultes !) aiment ces temps de partage, il est important de ne pas les imposer. Si une fois ou l'autre l'enfant n'a pas envie de parler, ne le pressez pas de le faire. Surtout veillez à ne rien juger, en aucune façon, de ce qui est dit.

La partage peut être fait de plusieurs manières. Pour que tout le monde en profite au maximum, il faut, d'après mon expérience, une certaine méthode ou structure. Celle-ci permet de réunir la famille ou le groupe et d'obtenir un certain nombre de résultats positifs, tels qu'une meilleure communication.

Voici quelques méthodes qui se sont avérées à la fois positives et agréables. Quelle que soit celle que vous choisissez, assurez-vous d'avoir suffisamment de temps pour aller jusqu'au bout.

1. *De cœur à cœur :* cette méthode, valable uniquement pour deux personnes, est particulièrement intéressante quand toute la conscience est focalisée sur le cœur et sur l'amour (voir le chapitre Centrage et méditation). La personne qui parle raconte ce qu'elle a vécu avec le maximum de détails ; celle qui écoute ressent l'amour et, constamment, en envoie de son cœur au cœur de celui qui parle. Lorsque le partage est terminé, celle qui écoutait répète, dans ses propres termes, ce qui a été dit. Puis on intervertit les rôles et recommence l'ensemble du processus. L'important est de ressentir l'amour et d'en envoyer à l'autre pendant toute la durée de l'exercice.

2. *Le cristal :* cette méthode est indiquée quand l'un des participants n'est pas décidé à parler, ou bien si, pour une raison ou une autre, il souhaite intervenir plus d'une fois. Elle peut aussi servir à améliorer les capacités d'écoute. Faites asseoir tout le monde en cercle ou, si vous n'êtes que deux, installez-vous l'un en face de l'autre. Placez un cristal au centre du cercle – j'aime bien utiliser un quartz rose, car il représente l'amour, mais n'importe quel cristal fera l'affaire. Celui qui désire raconter son expérience prend le cristal et le tient dans la main pendant tout le temps où il parle. Quand il a terminé, il le remet au centre du cercle et celui qui a

envie d'intervenir le prend à son tour. La seule personne autorisée à parler est celle qui tient le cristal ; les autres lui accordent toute leur attention.

3. *La ronde :* cette méthode convient mieux à un groupe de trois ou davantage. Tout le monde s'assied en cercle et l'un des participants raconte ce qu'il a vécu, en un temps limité. Celui qui est assis à sa droite prend le relais – et ainsi de suite jusqu'à ce que chacun ait parlé. Les participant ne sont pas obligés de tout raconter, mais ils doivent pouvoir s'exprimer librement, sans être interrompus. Il est important que chacun écoute attentivement tous les autres, jusqu'à ce que ce soit son tour de parler.

Souvenez-vous que, quelle que soit la méthode employée (quand il s'agit d'écouter et de parler), vous devez :

– ne pas interrompre ;
– ne pas juger ;
– écouter avec amour et compassion.

Expansion de conscience

L'expansion de conscience est importante, car elle permet d'insister sur l'appartenance à un tout plus grand – ce qui est un excellent moyen de terminer la séance de visualisation créatrice !

Voici quelques exercices simples, que vous pouvez utiliser avec des enfants de tous les âges.

Filet d'amour

Pour un groupe de trois ou plus. Asseyez-vous en cercle et faites ensemble quelques respirations profondes. "Conduisez" la respiration.

Sentez le rythme de votre respiration. Inspirez, expirez. Inspirez, expirez. Sentez que le rythme de votre respiration s'accorde avec celui de toutes les autres personnes présentes dans la pièce… Maintenant, écoutez les battements de votre cœur. Imaginez ou sentez qu'ils s'accordent avec ceux de tous les autres… Sentez que vos cœurs suivent le même rythme… battent ensemble… Tout en gardant votre conscience au niveau du cœur, pensez à quelque chose ou quelqu'un pour qui vous ressentez de l'amour… Sentez l'amour dans votre cœur… Maintenant imaginez un fil d'une magnifique couleur rose scintillante. Il sort de votre cœur pour aller dans celui de la personne qui se trouve à votre gauche… Imaginez ensuite un autre fil d'une merveilleuse lumière rose sortant de votre cœur et allant dans celui de la personne assise à votre droite… Puis imaginez un autre fil de lumière rose sortant de votre cœur et allant dans celui de la personne assise en face de vous… (répétez jusqu'à ce que chacun ait envoyé un fil à tous les participants)… Maintenant, par l'intermédiaire des merveilleux fils de lumière rose, envoyez un peu de l'amour que vous avez dans le cœur dans le cœur de tous les participants… Sentez l'amour circuler… il sort de votre cœur et il entre dans votre cœur… Puis ramenez votre attention sur votre respiration… Sentez son rythme lent et calme se fondre avec celui de tous les autres participants… Prenez conscience de la pièce autour de vous et, quand vous êtes prêts, ouvrez les yeux !

Amour universel

Vous pouvez utiliser cette méthode aussi bien avec un seul enfant qu'avec plusieurs. Asseyez-vous confortablement et fermez les yeux.

Faites quelques respirations profondes jusqu'à ce que vous vous sentiez détendus et confortablement installés… Prenez une inspiration profonde et sentez l'énergie de l'univers passer à travers le sommet de votre tête. Sentez-la descendre dans votre cœur et le remplir d'amour… Ensuite, depuis votre cœur, laissez-la partir dans l'univers. Inspirez de nouveau, en faisant entrer l'amour et l'énergie universels par le sommet de votre crâne et en les faisant sortir par votre cœur. Encore… Inspirez l'amour, l'énergie, la sagesse universels… faites-les entrer par le sommet de votre crâne et sortir par votre cœur… Sentez votre corps se remplir d'amour universel… Sentez l'espace qui entoure votre corps se remplir d'amour universel… En inspirant et expirant, sentez la pièce dans laquelle vous êtes se remplir d'amour, d'énergie et de sagesse universels… Sentez le bâtiment tout entier se remplir d'amour universel… Inspirez et expirez, et sentez la zone entourant votre corps se remplir d'amour, d'énergie et de sagesse universels… Sentez la ville se remplir… puis tout le pays… se remplir d'amour, d'énergie et de sagesse universels. Inspirez par le sommet de votre tête et expirez par votre cœur, et sentez le continent tout entier se remplir d'amour universel… Sentez l'amour se répandre sur la Terre tout entière… Maintenant sentez l'amour, l'énergie et la sagesse universels remplir complètement l'univers... Sentez l'unité, l'amour, la sagesse et l'énergie... envoyez de l'amour et de l'énergie de guérison à tous les gens qui sont dans cette pièce... à tous les habitants de ce pays et à tous les gens qui vivent sur la Terre... à des situations particulières, partout où vous sentez qu'il est nécessaire... Tout est relié... Maintenant ramenez votre attention sur votre respiration... Sentez le rythme lent et calme de votre respiration se fondre avec celui de tous les autres participants... Prenez conscience de la pièce autour de vous et, quand vous êtes prêts, ouvrez les yeux.

Et ensuite ?

Après avoir essayé tous les exercices de ce livre et trouvé ceux qui vous conviennent le mieux, à vous et aux enfants, vous souhaiterez très certainement aller plus loin dans la visualisation créatrice. Vous avez sans doute déjà pris conscience – que ce soit par votre propre expérience ou par celle des enfants – des incroyables possibilités qui se font jour quand vous vous en servez activement dans votre vie.

Pour ma part, je l'ai explorée et continue à l'explorer avec une joie et un émerveillement toujours croissants, et je découvre constamment de nouvelles profondeurs et dimensions à son pouvoir. Encore plus étonnant est le niveau que la visualisation et le mental peuvent atteindre quand ils sont renforcés par le cœur. Ce dernier tient lieu en quelque sorte d'amplificateur, donnant à l'image visualisée de plus grandes chances de se concrétiser.

Si vous souhaitez vous aussi pousser plus loin votre exploration – et je vous le recommande vivement – vous trouverez d'excellents ouvrages sur la visualisation créatrice destinés aux adultes ; j'en donne une liste à la fin de ce livre. En ce qui concerne le pouvoir du cœur, je dirais que l'humanité a toujours connu la puissance de l'amour ; pourtant, jusqu'ici, peu d'études en bonne et due forme ou de travaux scientifiques ont été consacrés à cet extraordinaire phénomène. L'institut HeartMath, en Californie, a entrepris des recherches poussées sur le pouvoir du cœur, ainsi que sur la manière dont les sentiments d'amour et de compassion influent sur notre santé et sur l'ensemble de notre être. Il a publié quelques excellents ouvrages sur le sujet – vous trouverez son adresse à la fin de ce livre.

Si la visualisation créatrice marche si bien, c'est parce qu'elle touche tous les plans : mental, physique, émotionnel et spirituel. J'espère sincèrement que ce livre a suffisamment éveillé votre curiosité et celle de l'enfant pour vous pousser à aller plus loin dans l'exploration de ces plans, ainsi que des niveaux plus subtils de la visualisation elle-même.

Puisse l'imagination de l'enfant – et la vôtre – être une "force" qui l'enrichisse et lui donne de la puissance.

Editions Vivez Soleil

Beaucoup de gens croient que la maladie survient par hasard et que la santé consiste surtout à vivre comme un ascète en se privant des plaisirs de la vie ! Au fil des livres et cassettes des Éditions Vivez Soleil une autre vision émerge. Oui, il est possible de sortir de l'ignorance, de la peur et de la maladie sans se priver ni se marginaliser. Oui, la santé, ça s'apprend !

Par une démarche personnelle d'information et d'expériences agréables et intéressantes, chacun peut sortir de la prison des habitudes et trouver l'équilibre du corps, du cœur, de la tête et de l'âme qui mène vers le bien-être, l'enthousiasme, la créativité et le bonheur.

A travers leurs collections SANTÉ, DÉVELOPPEMENT PERSONNEL et COMMUNICATION SPIRITUELLE, LES PERLES DE L'ÂME, EXPÉRIENCE VÉCUE, les Éditions Vivez Soleil présentent les moyens les plus efficaces pour gérer sa vie et sa santé avec succès. Elles montrent la complémentarité de toutes les écoles de pensée et œuvrent pour une société plus harmonieuse, plus agréable à vivre, où la compétition est remplacée par la collaboration, le stress par l'humour et l'amour du pouvoir par le pouvoir de l'amour.

Catalogue gratuit sur simple demande

Quelques ouvrages dans la même collection...

TECHNIQUES DE VISUALISATION CRÉATRICE

Shakti Gawain

La visualisation créatrice est l'art d'utiliser l'imagerie mentale et l'affirmation pour produire des changements positifs dans sa vie. Cette technique montre son efficacité dans bien des domaines. Voici un grand classique. En pratiquant la visualisation vous-même, vous découvrirez comment éveiller votre potentiel individuel de réussite et de bonheur.

192 pages

REPROGRAMMER L'INCONSCIENT

Paul Liekens

Le "conscient" nous permet de penser de façon rationnelle et volontaire, "l'inconscient" effectue tout ce dont nous ne sommes pas conscients, mentalement et physiquement. Sa logique, différente de celle du conscient nous semble souvent irrationnelle. Paul Liekens, dans cet ouvrage, nous aide à apprendre le langage de l'inconscient, à le reprogrammer pour le maîtriser et obtenir réellement les effets désirés.

224 pages

OSEZ CHANGER

Frédérique Chapperon et Josy Ibanez

Dans cet ouvrage, Frédérique Chapperon et Josy Ibanez vous proposent une technique nouvelle, révolutionnaire et inédite pour instaurer dans votre vie une transformation totale. Pour la première fois, deux formatrices et thérapeutes de renom vous révèlent une approche systématique qui agit silmultanément sur les quatre plans : physique, émotionnel, mental et spirituel. La démarche proposée, que les auteurs ont baptisée "l'Entraînement Fractalien au Changement Positif", donne enfin la possibilité d'opérer consciemment, dans votre vie et votre quotidien, une transmutation, un saut quantique, dont l'envergure dépasse de loin tout ce que vous pouvez imaginer.

288 pages

Vivre Merveilleusement

Robert Holden

La vie est un acte créatif et une aventure quotidienne qui demande de l'audace. Ce livre vous transmet les moyens de vivre toujours plus consciemment, grâce à la créativité et la gaieté dès aujourd'hui.

224 pages

Développer sa Vitalité

Docteur Christian Tal Schaller et Michel Coviaux

Vous souhaitez être chaque jour débordant de vitalité ? Mais vous manquez de temps et vous pensez que cela demande beaucoup d'efforts... alors lisez ce livre, il vous fera découvrir une manière d'accroître votre énergie en mettant à profit chaque instant de la vie quotidienne. Vous allez pouvoir vivre dans une forme en constante progression. Sans souffrir, en vous amusant, vous pourrez développer votre beauté, votre force, votre mobilité et votre souplesse.

96 pages

Devenez la Source de votre Abondance

Sanaya Roman et Duane Packer

Succès, réussite, abondance matérielle, santé et joie de vivre... Est-ce vraiment possible ? Une nouvelle vision émerge actuellement : le fait que nous avons en nous les moyens de nous relier directement à la force créatrice de l'univers, source inépuisable d'énergie, entièrement disponible pour notre épanouissement.

Avec ce manuel complet, vous comprendrez mieux le fonctionnement des lois spirituelles d'abondance, de façon à coopérer et vivre en harmonie avec ces principes fondamentaux.

322 pages

Éveillez votre Lumière Intérieure
Aeoliah Kuthumy

Ce livre est une invitation à recouvrer notre potentiel le plus élevé au fur et à mesure que nous apprenons à nous libérer de toutes les tendances autodestructrices et des vieux schémas comportementaux que nous conservons, alors qu'ils n'ont plus d'utilité. Nous pouvons ainsi retrouver notre royauté intérieure en nous reliant à notre Moi supérieur, qui demeure hors de toute souffrance et de toute douleur.

304 pages

Transformez votre Vie
Louise L. Hay

Nous avons le pouvoir d'agir sur nos pensées et ainsi de transformer notre vie ! Tel est le message de Louise L. Hay qui vous accompagnera dans votre démarche de guérison par plus d'amour, plus de pardon et plus de joie de vivre.

312 pages

PENSÉES POUR TRANSFORMER VOTRE VIE

Louise L. Hay

Louise L. Hay a réuni, en un magnifique florilège, des pensées et affirmations positives inédites. Elles se distinguent par une grande profondeur philosophique et une simplicité vraie, qui est celle du cœur. En lisant ce beau livre qui aborde tous les aspects de la vie vous trouverez force et inspiration. Vous pouvez commencer la lecture de ce livre là où vous voulez. L'ouvrir à la page qui vous plaira. Le message qu'il contient sera celui dont vous aurez besoin à ce moment-là. C'est le livre de chevet idéal.

352 pages

QUAND L'HOMME S'ÉVEILLERA

Norbert Vogel et Manuela Dumay

Très peu d'hommes ont eu le privilège d'explorer les régions invisibles au-delà des apparences du monde matériel, là où tout est harmonie, santé et lumière. Norbert Vogel est de ceux-là. Manuela Dumay est allée interroger ce philosophe et thérapeute doté d'une perception exceptionnelle chez lui, au château de Landonvilliers. A travers ce dialogue initiatique, pétillant de fraîcheur et de lucidité, vos interrogations essentielles les plus profondes trouvent des réponses claires et pratiques.

256 pages

Dans d'autres collections...

CHOISISSEZ LA SANTÉ

Thierry Bernardin

Une synthèse complète pour sortir de la maladie et vivre en pleine santé tous les jours de notre vie sur terre. Par un thérapeute holistique de renommée internationale.

310 pages

YOGA CRÉATIF POUR LES ENFANTS

Rachel Carr

Un livre qui met le yoga à la portée des enfants. En s'amusant, ils vont découvrir les bienfaits de cette technique, grâce à des exercices imagés.

112 pages

Mes Secrets de Santé-Soleil
Docteur Christian Tal Schaller
Quand le corps, le cœur, la tête et l'âme fonctionnent en harmonie, la santé est toujours présente. Le fruit de 25 ans de recherches intenses.

160 pages

La polarité, vos mains guérissent
Richard Gordon
En utilisant les courants de force du corps, chacun peut aider son prochain à relâcher les blocages énergétiques qui sont à l'origine des troubles physiques et psychiques. L'énergie qui coule à travers vos mains... une source inépuisable de bien-être et de santé !

144 pages

Le Dictionnaire des Pierres Utilisées en Lithothérapie
Reynald Georges Boschiero
Voici l'ouvrage incontournable pour qui souhaite dévoiler le mystère des pierres, pour sa santé et son épanouissement personnel. "Le Dictionnaire des Pierres Utilisées en Lithothérapie" (santé par les pierres), présente près de 200 pierres décrites et analysées avec plus de 250 illustrations. Il est le fruit de vingt ans de pratique et d'expériences.

384 pages

Jardiner Naturel

Docteur Soleil

Ce livre est le fruit d'un travail passionné. Pendant plus de dix ans, à Genève, un groupe de personnes motivées, s'est mobilisé, sous la direction du Docteur Christian Tal Schaller, pour faire la synthèse des méthodes naturelles de jardinage fondées sur le respect des cycles de la nature et de l'équilibre des sols. Cet ouvrage est un véritable guide pratique et pédagogique.

108 pages

Hygiène Intestinale

Docteur Christian Tal Schaller et son équipe

Sensation de bien-être et de légèreté, régulation du poids, stimulation des facultés intellectuelles, amélioration des états inflammatoires, effet de rajeunissement par élimination des toxines. Les résultats bénéfiques de l'hygiène intestinale sont multiples et se manifestent très vite. Ce livre pratique passe en revue les diverses techniques de nettoyage du côlon et de l'intestin grêle et donne leur mode d'emploi précis. Découvrez l'une des clés de la grande forme.

144 pages

L'Alimentation Vivante

Michèle Karèn

Offrir à son corps des aliments vivants, purifiants et énergétiques, c'est vous assurer une forme à toute épreuve et une clarté d'esprit dont vous serez étonné.

Vous trouverez dans ce livre de nombreuses recettes d'alimentation vivante et bien davantage : des secrets de santé et les clefs d'un nouvel art de vivre.

218 pages

LES 5 TIBÉTAINS

Peter Kelder

L'Occident découvre aujourd'hui les secrets de vitalité cachés depuis des siècles dans des monastères tibétains. Ce livre vous révèle les méthodes extraordinaires de ces sages pour retrouver et conserver vitalité et jeunesse. La seconde partie de l'ouvrage présente les différents modes de détoxication, de purification et d'alimentation vivante. Avec ces exercices, vous éprouverez une sensation de bien-être instantanée et votre vitalité ne cessera de croître au fil des jours.

144 pages

APPRENDRE À MASSER LES PIEDS

Docteur Christian Tal Schaller

Ce livre pratique vous invite à apprendre à masser vos pieds, ceux de votre conjoint, de vos enfants et de vos amis. Chez les Chinois comme chez les Indiens ou les Égyptiens, il est de coutume de se masser les pieds. Détendant, réconfortant, le massage apaise l'esprit et rééquilibre les énergies. Vous découvrirez les techniques extrêmement simples de massage de détente, de réflexologie d'acupressure et de massage intuitif...

112 pages

Vaccinations

Marie-Thérèse Quentin

Il est dit souvent que la vaccination est synonyme de prévention et de prudence. Mais qu'en sait-on au juste ? Ce livre nous permet, en toute connaissance de cause, de nous poser la question de l'utilité des vaccins ou de leur nocivité. A l'aide de nombreuses études et documents, il nous permet de faire nos choix après une véritable information sur ce problème.

272 pages

Amaroli

Docteur Christian Tal Schaller

Ce sujet est l'aboutissement de plus de vingt ans de recherches. Amaroli, qui est en fait l'urinothérapie est l'un des secrets de santé les plus anciens de l'humanité. C'est une méthode gratuite qui permet de sortir rapidement de la maladie. Essayer Amaroli, c'est découvrir une autre relation avec soi-même, et comprendre que notre corps contient le médecin et le pharmacien les plus extraordinaires qui soient !

128 pages

Hypnose et Santé

Docteur Claude Bernat

L'auteur répertorie les différentes techniques, nous révèle les moyens de pratiquer l'hypnose sur les autres et nous fait découvrir qu'elle peut traiter efficacement de nombreuses maladies, bénignes ou plus graves. Cet ouvrage d'une grande clarté rend sa véritable et légitime place à cette forme de médecine aux effets rapides et spectaculaires.

176 pages

BONJOUR BONHEUR

Ken Keyes

Ken Keyes anime aux États-Unis des séminaires qui permettent à des milliers de gens de transformer leur vie en découvrant la science du bonheur. Grâce à sa profonde connaissance de l'être humain, l'auteur montre les étapes à suivre pour remplacer les habitudes par la liberté, la haine par l'amour et l'ignorance par la sagesse. Créez un monde dans lequel le bonheur fleurit à chaque pas !

300 pages

LE CANCER APPRIVOISÉ

Léon Renard

La maladie n'est pas une ennemie, mais un message, une communication non verbale. Le corps crie un problème que le malade ignore ou refuse de voir. La maladie concerne l'être total et, dans le cas du cancer, des résultats remarquables ont été obtenus en prenant en compte la relation entre le cancer et le psychisme. Léon Renard fait la synthèse des études menées dans ce domaine et l'enrichit de sa propre expérience de thérapeute.

220 pages

Vaincre par la Sophrologie

Docteur Raymond Abrezol

La sophrologie, qui étudie les états de conscience, est utilisée en thérapie, en médecine préventive et en pédagogie. Elle est un outil remarquable de développement personnel. Ce livre vous enseigne des techniques permettant d'atteindre une détente et une réceptivité amenant une récupération rapide face au stress.

256 pages

La Sagesse des Blagues

Alejandro Jodorowski

Ce livre se situe dans la longue tradition des contes et histoires initiatiques qui remonte à la nuit des temps. L'auteur nous raconte, à sa façon, des histoires drôles qu'il transforme en paraboles et nous emmène, à travers le dédale de comportements et de situations amusantes, cocasses ou dramatiques, sur le chemin de notre évolution personnelle et spirituelle.

208 pages

Demandez à vos Anges

A. Ramer, A. Daniel et T. Willie

Ce livre dresse un vaste panorama du rôle fondamental que jouent les anges dans l'humanité. Mais il nous apprend surtout à communiquer avec ces êtres célestes qui sont tout à la fois nos guides, nos enseignants, et nos meilleurs amis. Imprégné de l'amour et de la sagesse des anges, ce livre nous montre qu'il est possible de s'aligner sur leur pure énergie spirituelle pour retrouver l'essence primordiale de notre être.

450 pages

DEBOUT LES PETITS DIEUX

Johanne Razanamahay

L'auteur nous montre comment elle a découvert le monde des anges et des guides spirituels. Ceux-ci lui ont transmis un enseignement puissant pour réhabiliter l'ego en assumant sa souveraineté, devenir son propre Messie et vivre heureux en tant que "petit Dieu".

488 pages

LE CHEVALIER À L'ARMURE ROUILLÉE

Robert Fisher

Une nouvelle quête du graal, d'un humour délicieux, qui fait partie de ses "grands petits livres". La limpidité, la profondeur de cet ouvrage, qui parle au cœur et à l'âme en font un conte d'une portée universelle.

160 pages

UTILISE CE QUE TU ES

Fun Chang

Un empereur de Chine s'interroge sur le sens de la vie. Il rencontre un vieux sage qui lui apprend à vivre au présent, en se laissant guider par son intuition pour "utiliser ce qu'il est".

128 pages

Achevé d'imprimer
sur les presses de la
SNI Jacques et Demontrond
25220 ZI Thise / Besançon
en février 1996

Imprimé en France